JN293833

お客をまとめてつかまえる

# 「セミナー営業」の上手なやり方

船井総合研究所
斉藤芳宣

同文舘出版

# はじめに

「えっ、いきなりセミナーをやるんですか？」

私が船井総合研究所に入社して間もないころ、当時の上司から「セミナー、いつやるの？」と唐突に言われた時、思わず口から出た言葉です。

私のいる船井総合研究所という会社は、経営コンサルティングの会社で、コンサルティングの仕事を獲得するために、毎年６００〜７００のセミナーを開催しています。

コンサルタントという職業柄、飛び込み営業をしても仕事が取れるわけではありません。見込客を効率的に集めて教育・啓蒙して、コンサルティングの仕事につなげていくためには、セミナーを使った営業というのはとても有効な手法となります。

ですから、入社して間もない私にとっても、すぐにセミナーを開催して受注することが、一人前になるための近道だったのです。

「セミナーなんてやったこともないのに、はたして自分にできるのだろうか？」

最初はそんな気持ちでいっぱいでした。人前で話すことに慣れているわけでもないし、セミナーで話すネタもない。最初は不安だらけでした。

しかし、セミナーの回数を重ねることで、セミナーを成功させるコツがわかり、話のプロでなくてもうまくいくということがわかってきたのです。セミナーは決して難しいものではありません。やり方さえわかってしまえば、誰でも簡単に成功させることができます。

セミナー自体はそれほど新しい手法ではありませんが、最近は営業手法としてのセミナーが注目されています。セミナーは、特に高額商品や法人向けの商品を販売するのに向いています。なぜなら、セミナーほど見込客を目の前にして、何時間もかけてゆっくりとセールスができる営業手法は他にはないからです。

セミナーを通じてお客様を教育し、啓蒙し、育てていく——。差別化が難しい現在では、そのような営業手法が求められているのです。

本書は、セミナーを開催したことがない、セミナーを開いているが、いまいちうまくいっていない……。そんな方々がセミナーを活用して、一度に多くの見込客を集め、そこから受注していくための手助けをする本です。昨日まで難しいと思っていたセミナーが、身近で簡単なものに感じられるようになると思います。

1章では、セミナー企画の立て方についてお話しします。セミナーを開催する場合、まず最初に頭を悩ませるところです。ここでは、セミナーを成功させるための基本的な考え方やセミナーのネタの出し方、セミナープログラムの考え方についてご紹介します。最初の一歩をスムーズに踏み出してもらえるように、考えを整理できるシートも用意しています。

2章では、セミナー成功のカギを握る準備についてです。セミナーを開催する場合に出てくる素朴な疑問に答えます。日程はどうすればいい？　会場はどう探したらいい？　リストはどこから収集すればいい？　セミナーを開催するにあたり、準備すべきことはすべて網羅しています。準備のためのチェックリストも用意してありますから、実際にセミナーを開催する場合には、そのチェックポイントを考慮しながら準備を進めていけば、モレを防ぐことができます。

3章では、セミナーにどうやってお客様を集めたらいいのか、その集客法についてお話しします。いくらよいセミナーを企画しても、お客様が集まらなければ意味がありません。これまで門外不出だった船井総合研究所のノウハウが詰め込まれた、独自のダイレクトメールを活用した集客方法を、具体的な事例をまじえて解説していきます。これをマスターすれば、集客で頭を悩ますことはなくなるでしょう。

4章は、参加者の満足度を高めるセミナー運営についてです。セミナー運営は舞台演出と同じです。セミナーを企画する脚本家がいて、舞台に立ってスポットライトを浴びる講師がいます。スタッフは、セミナーの舞台裏でさまざまな演出を行います。そこでは、皆が一丸となって運営に携わることでセミナーを成功に導くことができます。ここでは、セミナー運営に欠かせない成功のためのコンセプトから細かい小技までをご紹介します。

５章は、セミナー後のアフターフォローについてです。セミナーを開催しても、受注できなければ意味がありません。そこで、セミナーからどのようにして受注まで持っていくのか、受注動線をどう設計するのか、ズバリ、セミナーから仕事の獲得法について解説します。

６章は、セミナーを継続的に実施するための仕組み作りの話です。セミナーは継続的に実施してこそ、より高い効果が生まれます。ここでは、セミナーをいかに楽に運営できるようにするか、ルーチンワーク化するか、そして、成功し続けるための体制をどのように築いていくかについて解説します。

これらはすべて私が実際に試した中で、特に効果があったものをまとめたものです。実際に、行動に移してみると意外に簡単にできてしまうことが多いでしょう。

本書を通じて、効率的な営業手法である「セミナー営業」をマスターし、読者の皆さんがより多くの見込客を集めて受注できるスキルと仕組みを身につけていただくことができれば、これほどうれしいことはありません。

# お客をまとめてつかまえる「セミナー営業」の上手なやり方

## CONTENTS

はじめに

# 1章 セミナー企画の立て方

CONTENTS

## 2章

## 成功の8割を握るセミナー準備

# 3章

## 行列ができるセミナー集客法

CONTENTS

# 4章 満足を最大化する運営法とは

# 5章

## 受注につなげるアフターフォロー

◇◇◇◇◇◇◇◇◇◇◇◇◇◇

CONTENTS

# 6章

## 継続するための仕組み作り

装丁／上田宏志（ゼブラ）
本文 DTP ／虔
本文イラスト／つのださとし

# 1章

# セミナー企画の立て方

# 最初に決めなければいけないこと

受注できるセミナーと受注できないセミナー。その決定的な違いは何だと思いますか？

意外に思われるかもしれませんが、その違いとは**「売り物」が明確になっているかどうか**です。そんなことはわかっているし、その売り物が売れないんだ、と思われる方がいるかもしれません。

いろいろなセミナーに参加して思うのは、セミナーに多くのコンテンツを詰め込みすぎてしまい、結局、何を売りたいのか、お客様にどんな行動をさせたいのかがわからなくなってしまっているセミナーが、驚くほど多いことです。

でも、その気持ちもわかります。セミナーのコンテンツを充実させようと思うばかりに、さまざまな内容を盛り込んでしまい、その結果、セミナーで本当に伝えたいこと（軸）がブレてしまい、受注につながらなくなってしまうのです。

**受注に結びつくよいセミナーは、「売り物」が明確で、かつ「売り物」までの動線が緻密に設計されています。**よいセミナーであればあるほど、「売り物」までスムーズに流れてい

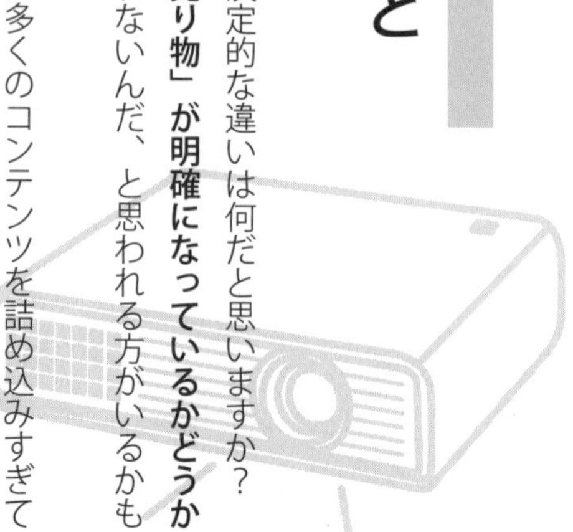

## あなたの売り物は何ですかシート

**私が今回のセミナーで売りたいのは、**

**である**

きます。ここで言う「売り物」とは、ＩＴ業界であれば、パッケージソフトだったり、システム開発、コンサルティングサービスなどのことです。

ただし、誤解してほしくないのは、「売り物」を明確にすることは、何も売り込みをしろと言っているわけではありません。まずはじめに売りたいものを明確にした上で、セミナーの中に受注動線を組み込むことが大事なのです。

逆に言うと、売り物が決まらないままセミナーを企画しても、落とし所がないため受注できません。**「売り物」からセミナーを企画する。**この逆算発想からセミナー企画をはじめていきましょう。

# 「何」をやるかではなく「誰」にやるか

「売り物」が決まったら、次にセミナーの中身の検討に入ろうとしますが、これは大間違いです。次にしなければならないことは、ターゲットの明確化です。**何のセミナーをやろうかではなく、誰をターゲットにセミナーをやるか**、を先に考えなければなりません。

「誰」を明確にするためには、次のようなことを具体的に考えていきます。

・職業（業種）　・性別　・年齢
・役職　・関心事

ターゲットを具体化すればするほど、セミナーの成功率、そしてその後の成約率が上がります。ですから、より明確にターゲットを具体化するために、特定の人物像にまで落とし込んでいくことをおすすめします。

「○○会社の社長で年齢は○歳、○○に関心を持っている○○な人」というところまで具体化させましょう。また、セミナーに来てほしい人、来てほしくない人をあらかじめ想定しておくことも効果的です。

## ターゲット明確化シート

**1.** ターゲットの属性は？

**2.** ターゲットはどんなことに関心を持っているか？

**3.** ターゲットはどんな悩みを抱えているか？

**4.** ターゲットの情報源はどこか？

# セミナーのネタはこう探せ

セミナーのネタを探す時、絶対にはずしてはならないのが、**徹底的にターゲットの視点で考える**ということです。そのためには、自分自身がターゲットになりきる必要があります。極端な話ですが、女性向けのアクセサリーを売りたいという場合、私は男ですが、実際に女装してアクセサリーをつけてみる。そこまでやる必要があります（私にそんな趣味はありませんが）。要するに、ターゲットになりきって、相手の立場で考えなければいけないということです。

セミナーのネタを探す場合には、ターゲットのニーズにフォーカスする必要があります。そのニーズには次の4種類があります。

**（1）顕在化されたニーズ**

ターゲットがすでに認識しているニーズです。このニーズは、日ごろから意識しているものであり、ターゲットが一番反応しやすいネタと言えます。

このニーズを探るには、次のような質問が効果的です。

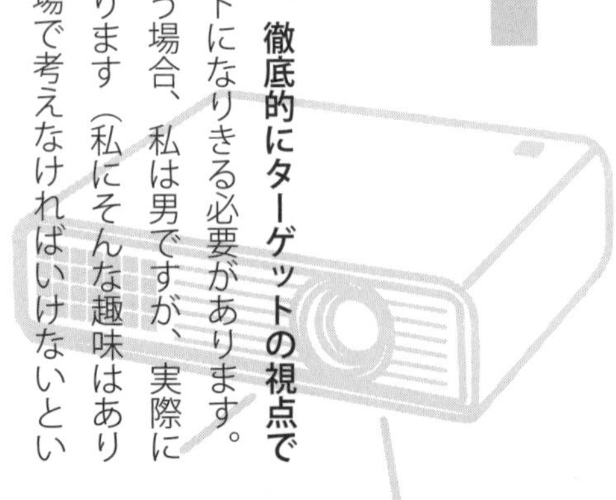

「ターゲットが今、一番悩んでいることは何か？」
「ターゲットが日ごろから気になっていて、スッキリしないことは何か？」

**（2）潜在的なニーズ**

ターゲットがまだ認識していない、心の底に埋もれた状態のニーズです。いろいろと制約条件がある中で、本当にやりたいことは何か、本当に解決したい問題は何か。きわめて本質的な部分であり、ここを見逃すと表面的な提案にしかなりません。
この潜在的なニーズを探るには、次のような質問が効果的です。
「人・物・金のすべての経営資源がそろっているとしたら、何がしたいか？」
「何が達成できた時に、一番の喜びを感じるだろうか？」

**（3）セミナーで解決したい表ニーズ**

この表ニーズとは、セミナーに参加することで解決したいニーズを指します。（1）および（2）のニーズの中で、主にセミナーによって解決できるニーズを抽出します。ここでは、ターゲットのニーズに対して、自分たちが持つソリューションをぶつけていくことになります。この表ニーズを探るには、次のような質問が効果的です。
「ターゲットのニーズの中で、自分たちが解決できることは何だろうか？」

**（4）セミナーに参加する裏ニーズ**

最後のニーズは、ちょっと変わっています。セミナーに参加する理由は、すべてがニーズに対応したものとはかぎりません。そこが人間らしいところです。

例えば、海外の視察ツアーであれば、堂々と海外旅行に行くことができるし、リゾート地での研修であれば、胸を張ってリゾート気分を味わうことができます。高額セミナーであれば、節税に活用することもできます。また、午後5時くらいに終わるセミナーであれば、会社に帰らずそのまま直帰することができます。せこい話ではありますが、これらは意外と大事な要素です。

こうした課題解決とは違った次元でのニーズのことを裏ニーズと言います。相手が人間であるかぎり、裏ニーズは必ず存在します。ここに気を配れるかどうかが、セミナー料金や場所、時間の設定に大きく影響してきます。

このようにターゲットのニーズにフォーカスして、ニーズをグッとつかんでおけば、セミナーが大コケすることはありません。何よりやってはならないのが、プロダクトアウト的な発想でセミナーのネタを考えることです。

そんな時は、次のような質問を自分にしてみてください。

「もし、ターゲットが自分だとしたら、このセミナーのテーマに関心を持つだろうか？」

# ニーズ発見シート

## 1. 顕在化されたニーズ

・ターゲットが今一番悩んでいることは何か？
・ターゲットが日ごろから気になっていて、スッキリしないことは何か？

## 2. まだ、現れていない潜在的なニーズ

・人・物・金のすべての経営資源がそろっているとしたら、何がしたいか？
・何が達成できた時に、一番の喜びを感じるだろうか？

## 3. セミナーで解決したい表ニーズ

ターゲットのニーズの中で、自分たちが解決できることは何だろうか？

## 4. セミナーに参加する裏ニーズ

「もし、ターゲットが自分だとしたら、このセミナーのテーマに関心を持つだろうか？」

# どんどん出てくるセミナーネタ発想法

ニーズにフォーカスすれば、何かしらセミナーのネタが出てくると思いますが、それでもネタに困った場合は、次のような方法で考えるといいでしょう。

この方法は、エキセントリックデザイン（株）の岡野社長から教わった「ヒットアイデア連発法」という考え方を参考にしています。岡野社長によれば、新しいアイデアを連発する公式は次のようになります。

**新しいアイデア　＝　目的　×　着眼点　×　変化・加工**

まず「目的」ですが、これは何をする上でも、目的が明確でないと、やるべきことがブレてしまいます。ここでは、「より多くの人にセミナーに来てもらうため」という目的を設定しましょう。

次に「着眼点」です。セミナーのネタを考える場合、**ターゲットの構成要素をバラバラに**

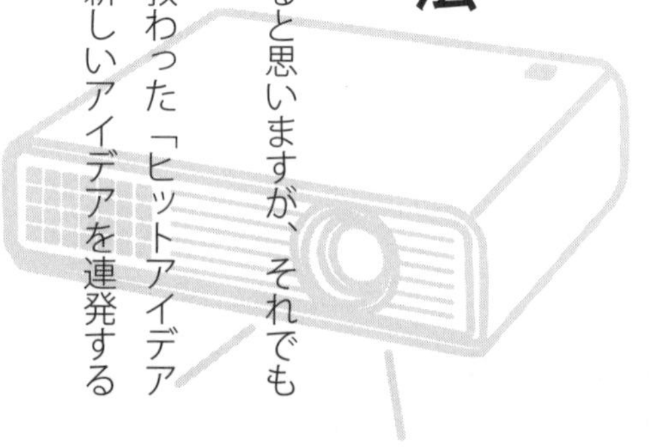

**して考えてみます。**例えば、企業向けのセミナーを実施する場合は、企業を構成する要素を考えます。経営資源である「人・物・金」を構成要素と考えることもできるし、組織図から考えて「営業・企画・開発・総務・人事」などを構成要素と考えることもできます。

また、業務プロセスから考えて、サービス業であれば「商品企画・集客・営業・アフターフォロー」、受注生産の製造業であれば「営業・仕入・製造・出荷」などが考えられます。これらの構成要素は、すべてセミナーのテーマになり得るものです。

最近は開催されるセミナーの数も多く、総合的なセミナーより、ある分野に特化したセミナーのほうが成功しやすくなっています。特化型セミナーを行う上でも、構成要素をバラバラにしてみるという考え方が有効です。

構成要素をバラバラにできたら、最後に「変化・加工」させます。具体的な例として、次のようなものがあります。

- 期間を変える（3年で一人前にするところを6ヶ月で一人前にする）
- 速度を変える（ファストフードからスローフードへ）
- 対象を変える（一般消費者向けから富裕層向けへ）
- 価値を変える（高くする、安くする、有料にする、無料にする）

・置き換える（コストセンターをプロフィットセンターへ、固定費を変動費化する）
・常識と逆にする（社長は営業するな、SEO対策はするな）

変化・加工には、他にもまだいろいろな切り口があります。

・わざと悪くしてみる
・位置関係を変える
・付加する
・切り離す
・なくす
・順番を変える

これらを参考に、変化・加工してみてください。

**構成要素をバラバラにして、変化・加工させる——これだけで芋づる式にアイデアが湧き出てくるはずです。**

# アイデア連発シート

## 1. 目的

## 2. 着眼点（構成要素をバラバラにしてみる）

## 3. 変化・加工

# 当たるネタの基本は「意外性」×「わかりやすさ」

ネタの発想法をご紹介しましたが、もちろん思いついたネタがすべて当たるわけではありません。では、どんなネタが当たるのか？　それについては2つのポイントがあります。

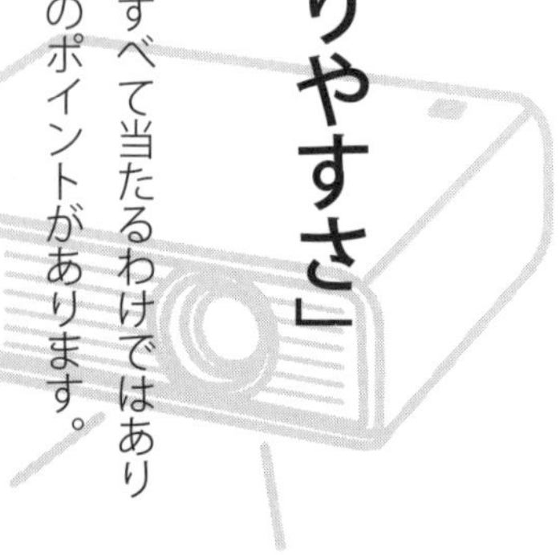

## （1）意外性

人に何かを伝えようという時、インパクトの強い表現を使いたがる人は多いと思います。例えば、「非常識な提案」や「驚異的なノウハウ」などです。しかし、インパクトの強い表現というのは、通用するのは最初だけです。繰り返し使っていくうちに、それはもう「非常識」や「驚異的」ではなくなってしまいます。

**大切なのは、インパクトの強さではなく、「意外性」**です。意外性とは、それが目に入った瞬間にハッとさせられるものです。例えば、次のようなキャッチコピーはどうでしょうか。

・営業はヒアリングするな（顧客には明確なニーズなどない、という考え方）
・人を育てない教育システム（環境が勝手に人を育てるという考え方）

・スローマーケティングが業績アップのカギ（何でも早ければいいというものではない、という考え方）

「えっ、それってどういうこと」と思いましたか？　何も、過激な表現だけがお客様を引きつけるわけではないのです。

実際に当たるネタを考える場合には、候補としてあがったネタが意外性のあるものかどうか、必ずチェックしてみましょう。

意外性は、ターゲットとする業界によって違います。マーケティングの表現に慣れた業界であれば、あえてそれっぽいネタを避けてみたり、お堅い業界で真面目なテーマしか使わない業界であれば、あえて俗っぽい表現を使ってみるのもいいでしょう。いずれにしても、大切なのは「意外性」です。

## (2) わかりやすさ

もうひとつ大事なのが、「わかりやすさ」です。情報が氾濫しているため、現代人は少しでも理解できないと感じたら、別の情報に移ってしまいます。意外性は大事ですが、それが理解できないレベルになってしまうと、そこで終わりです。意外だけど、言っていることは理解できる――**意外性のある提案でも、理解の範囲内にとどめる**ことがポイントと言えます。

# 絶対はずさない最強のネタ

「絶対はずさないネタ」――もしそんなものがあったら、誰でも聞いてみたいですよね。

絶対にはずさない、そして、セミナー後の受注を考える合わせると、**最強のネタは、ズバリ「業績アップ」です。**

企業経営者であれば誰でも関心のあるテーマであり、経営をしていく上では永遠のテーマと言えます。ただし、業績アップと言ってもいろいろあります。

では、さきほどのアイデア連発法を使って、業績アップの構成要素をバラバラにして考えてみましょう。業績アップとは、売上アップ、利益アップととらえることができます。利益アップは、次のような公式が成り立ちます。

**利益アップ　＝　売上アップ　＋　コスト削減**

**売上アップ　＝　客数アップ　×　客単価アップ　×　購買頻度アップ**

つまり、業績アップを実現しようと思ったら、「客数アップ」、「客単価アップ」、「購買頻度アップ」、「コスト削減」を実現できるネタを考えればよいということです。

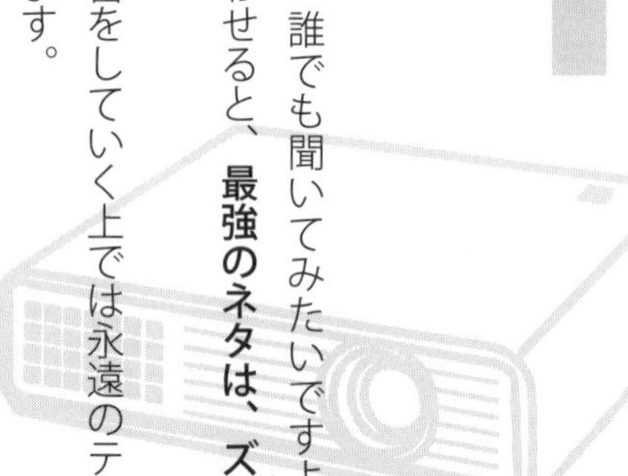

## 業績アップネタ探索シート

**1.** 客数アップの役に立てることは？

**2.** 客単価アップの役に立てることは？

**3.** 購買頻度アップの役に立てることは？

**4.** コスト削減の役に立てることは？

# どうしてもネタに困ったら……

どうしてもネタに困った場合は、業界で成功しているモデル企業にインタビューに行きます。ネタに困ったら、人に聞きに行けばいいのです。

**成功している企業の経営者はセミナーで使えるネタをいっぱい持っています。**インタビューは、次のようなステップで進めていきます。

**（1）業界で成功している企業を10～20社をピックアップする**

インタビューを断られるケースもあるため、少し多めにピックアップしましょう。

**（2）インタビュー依頼文をＦＡＸで送り、翌日に電話を入れる**

依頼文は手書きにすると、今時珍しいこともあり、読んでもらえる可能性が高まります。

**（3）成功している企業の経営者にインタビューを行う**

「なぜ、伸びているのか?」、「伸びるきっかけとなったことは何か?」、「効果のあった施策は何か?」、「失敗したことは?」、「それをどう乗り越えたか?」

**（4）インタビューから成功のポイントをルール化する**

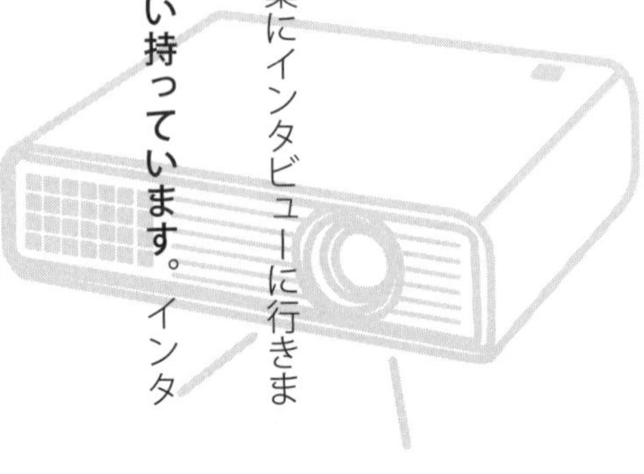

## インタビュー依頼文

[redacted]株式会社
[redacted]様

はじめまして。船井総合研究所の斉藤と申します。
弊社は経営コンサルティング会社でして、私はソフトウェア企業向けに特化したコンサルティングを行っております。

今回、お手紙を差し上げたのは、御社のマーケティングについて大変興味を持っており、ぜひ[redacted]社長にインタビューさせていただけないかと思ったからです。

最近のコンサルティングのテーマとしましては、お客さまのほうから手を上げてもらうプル型のマーケティングを研究しているのですが、御社は出版やメディアへの露出を使った社長ブランディングやセミナー、ホームページからの受注導線がうまく機能している数少ないプル型の会社だと思っております。

今回の研究の結果はまとめてレポートさせていただきます。
お忙しいとは思いますが、1時間程度お時間を作っていただくことは可能でしょうか？　明日以降連絡させていただきます。

船井総合研究所
斉藤芳宜

こうしてルール化したポイントは、セミナーの最大のネタとなります。最低でも、3～5社はインタビューしましょう。1、2社ではルール化することはできません。

# ゲスト講師の選定と依頼方法

セミナーを成功させる上で、ゲスト講師は非常に重要な役割を担っています。

ただし、名が知られた人であれば誰でもよい、というわけではありません。大物すぎると、かえって自社のビジネスに不利に働くこともあります。**ゲスト講師はセミナーの成熟度に合わせて選定していく必要があります。**

はじめてのセミナーやセミナー開催経験が2、3回しかないうちは、その分野に詳しく、集客力のある知名度の高いゲストを呼ぶ必要があります。虎の威を借る狐ではありませんが、おおいに虎の威を借りましょう。その分野での著名人と関係があるというだけで、あなたの会社の価値は上がります。

セミナー回数も3回を超えてくると、あなたの会社も少しは知られるようになります。そうなると、大物ゲストに頼るのではなく、自社の顧客をゲスト講師として招きます。この時に注意しなければならないのが、**ゲスト講師は、あくまでもあなたの会社の商品やサービスを利用したことによって業績が上がっている企業**であるということです。

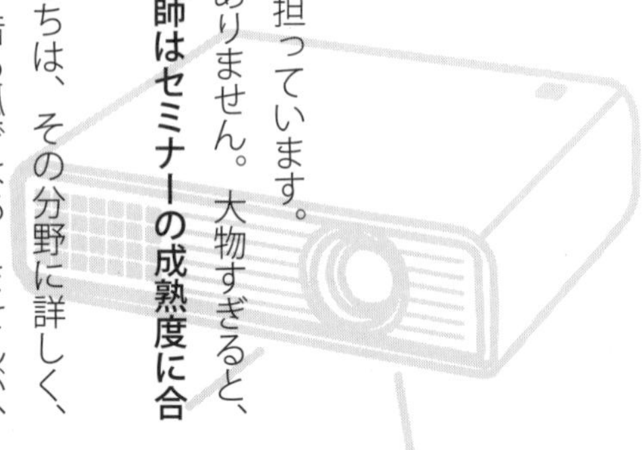

また、ゲストは必ず社長にしてください。やはり社長という肩書きも大事だし、何より社長の視点は、社長以外の人（サラリーマン）とはまるで違うため、多くの気づきを与えてもらえます。

ある程度、自社で集客できるようになってから大物ゲストを呼んでも、大物ゲスト目当ての人が多くなり、自社のブランドがかすんでしまいます。そうなると、仕事（受注）につながりにくくなります。その点は注意しておきましょう。

ちなみに、ゲスト講師選びには次のようなサイトが参考になります。

・講演依頼ドットコム　http://www.kouenirai.com/
・セミナーズ　http://www.seminars.jp/
・講師派遣　http://www.kmcanet.com/koushihaken/
・ビジネスタレント.com　http://www.business-talent.com/
・システムブレーン　http://www.sbrain.co.jp/

講師が選定できたら、次は講演依頼です。右記の講演依頼サイトを使うのも手ですが、ここでは、直接依頼する方法についてご紹介します。

人がもらって喜ぶものは何でしょう？　それは手紙です。**ゲスト講師を依頼する場合でも手紙はとても効果的**です。具体的には、次のような手紙を出してアポを取ります。

# ゲスト講師依頼の手紙例

株式会社船井総合研究所

2005年12月13日

株式会社[redacted]
代表取締役[redacted]様

はじめまして。私は、㈱船井総合研究所の斉藤と申します。
中小のソフトウェア開発企業を専門に経営コンサルティングを行っております。
今回突然のお手紙を致しましたのは、[redacted]社長に是非、弊社主催のソフトハウス向け経営者セミナーにゲスト講師としてご講演お願いしたいと思ったからです。
参加者は、売上２億～２０億円のソフトハウス経営者で、今後の成長戦略を描くためのヒントを得たいと考えている勉強熱心な方々です。

今回のセミナーのテーマは「集客」いかにして見込客を集めるかです。１９９７年の創業以来、御社が時流に適応しこれほどのスピードで成長してこられた成功談、失敗談、集客において工夫されていることなど生のエピソードを是非ともお聞かせ頂きたいと思っております。日本のソフトウェア産業の成長が鈍化する中、私達のセミナーが参加頂く経営者の方々の成長のヒントになればと考えております。今回のセミナー内容から考え、どうしても[redacted]社長に講演戴きたいと思い至りました。

セミナーの全体的な主旨ならびに[redacted]社長にご講演頂きたい演目などの詳細につきましては、別途ご説明に伺います。セミナー日程は２月１５日（水）の午後１３時～を予定しております。[redacted]社長には１時間ほどご講演頂きたいと考えております。

ご講演の中では、積極的に御社事業、製品、サービス等の案内を頂くのは一向に問題ございません。ご講演の協力費につきましては、ご希望条件をお伝えいただければ幸いです。
ひとりでも多くの経営者の方々に[redacted]社長の貴重なお話を聞いて頂きたいと思いますので、ご検討の程何卒よろしくお願いいたします。

株式会社船井総合研究所
第八経営支援部

斉藤　芳宜

東京都千代田区丸の内1-6-6日本生命ビル21F
Tel: 03-6212-2933
E-mail:y.saito@funaisoken.co.jp

ゲスト講師を依頼する手紙のポイントをまとめると、次のようになります。

①1枚にまとめる（大物ゲストは忙しい方が多いため、長文を読んでいる時間はない）
②あなたのことをよく知っている、とほのめかす（相手のことをしっかり研究する）
③共感してもらえるような依頼趣旨を簡単にまとめる（詳細は会って話す）
④使命・ミッションを伝える（大物ゲストは金で動くものではない）
⑤なぜあなたでないといけないのかを伝える（他でもいいと思われるとダメ）
⑥講師をするメリットを伝える（会社や商品のPRの場として利用してもらうなど）
⑦読んでいて親近感が伝わるようにする（会ってみようかなと思わせる）
⑧手紙の紙は高級紙を使う（高級和紙などを使って特別感を演出する）

とにかく、こちらの想いが伝わるものでないと相手は動いてくれません。そして、相手にメリットを与えることを忘れないようにしましょう。

こちらの都合ばかりを言っていては、交渉はうまく進みません。そこまでやってくれるの、と思わせるようなメリットを与えるくらいでちょうどいいと考えておくべきでしょう。

# 成功するセミナー構成

セミナーを成功させるためには、**4部構成が基本**となります。もちろん、すべてのセミナーを4部構成にする必要はありませんが、セミナーを営業に活かして、受注を狙っていくためには4部構成が最適です。

4部構成は次のような内容となります。

・第1部　業界動向と今後進むべき方向性
・第2部　ゲスト講師による成功事例紹介
・第3部　具体的かつ実践的なノウハウの紹介
・第4部　本日のセミナーのまとめ

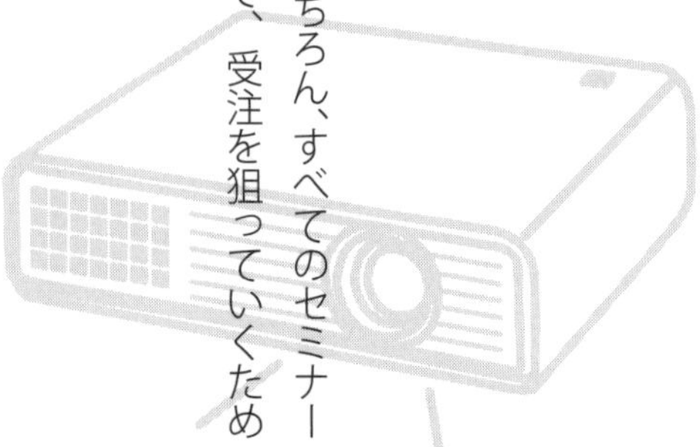

### （1）業界動向と今後進むべき方向性

セミナーはまず大きな話から入り、徐々に具体的な話に展開していくのが基本です。セミナーを開催した背景や時代の流れ（時流）を把握して、だからこそ今、このセミナーで提案するのです、という流れを作る必要があります。

ここでは客観的なデータを多用し、セミナー参加者が何となくわかっていたけど、データを見てあらためて納得できるような状況を作りましょう。

業界全体の状況を把握させたら、次に今後の方向性を示します。今後の方向性を示すには、3年後、5年後の予測が必要になります。3年後、5年後のことなんてわかるわけがないと思っていませんか？　そんなことを言っていてはダメです。セミナーにかかわらず、ビジネスを行う上では、常に3年後、5年後がどうなるのかという視点を持っていなければなりません。ぜひ、これからは中長期的な視点を持つようにしてください。

## （2）ゲスト講師による成功事例紹介

ここでは、ゲスト講師にあなたの会社の商品やサービスのよさを語ってもらうのが一番の目的です。どんなに自分で、「これはいい商品です。間違いありません。だから、買ってください」と言ったところで、誰も信用してくれません。

あなたの会社の商品やサービスのよさを証明するためには、実際に使っているお客様の声、もしくは著名人の推薦が必要です。そのことをこの場を利用して伝えます。

気をつけたいのは、自社のアピールが多くなりすぎないこと。ゲスト講師も気を使って、必死にあなたの会社のことをアピールしてくれるのは悪いことではありませんが、あまりにもアピールが強いと、「この人、そう言えってお願いされてるんじゃない」「お金をもらって言わせてるんじゃないか」ということになってしまいます。

それを避けるためにも、ゲスト講師とは事前の打合せが必要です。セミナーでは、「○○さんのおかげで……」「○○さんの商品と出会っていなかったらと思うと……」というようなさりげないアピールにとどめることが賢明です。

## (3) 具体的かつ実践的なノウハウの紹介

ここでは、明日からでもすぐに実行に移せるような具体的かつ実践的な内容を用意します。ここまで具体的にノウハウを教えてもいいのか、と思われるくらいでちょうどいいのです。基本的にノウハウは出し惜しみするべきではありません。

ノウハウを少しずつ出していくというのは意外とたいへんだし、相手にもそれが伝わってしまうものです。ですから、ノウハウは出し惜しみせず、今持っているものをすべて出し切るようにしてください。

また、これは不思議なことですが、ノウハウを出し切ると、提供するノウハウがなくなりますから、必死でノウハウになるものを探そうとします。これは、体が自然と反応するからです。ちょっとしたことでもノウハウ化できないかと全身が敏感になります。
そう考えると、結果的にはノウハウは出し惜しみせず、出し切ったほうが自分自身にとってもプラスになるのです。

## （4）本日のセミナーのまとめ

セミナーのまとめには重要な役割があります。セミナー内容を単にまとめるだけではありません。まとめ講座の目的は主に次の2つです。

①セミナーで本当に伝えたかったことの整理
②（売り込み色を出さない）商品・サービスのＰＲ

ここまで、お客様は3時間以上座りっぱなしで、インプットしっぱなしです。業界の展望という大きな話から、具体的な戦術の話まで聞いて、結局このセミナーで何を持って帰ったらいいのか整理できるほどの頭の体力は残っていません。ですから、まとめの講座では、
「今日はこれだけを知ってほしかったんです」
「それを実現していくために、こんな便利なものがあるんです」
という2点を押さえた内容にする必要があります。ここまで来たら、あれこれ言ってはいけません。ポイントだけを押さえるようにしましょう。

# 感情の波に合わせたセミナープログラムを

セミナー参加者も人間です。人間であるかぎりは感情の生き物です。

実は、セミナーを成功させるためには、人間の感情にフォーカスし、感情の波に合わせたプログラムにする必要があります。

人間の感情というものは、常に揺れるものです。感情の揺れをコントロールしようとは思わず、この揺れに合わせながら徐々にクロージングに持っていくことが賢明です。

では、セミナー中にお客様はどのような感情を抱いていくのでしょうか。お客様の感情の揺れを順に見てみましょう。

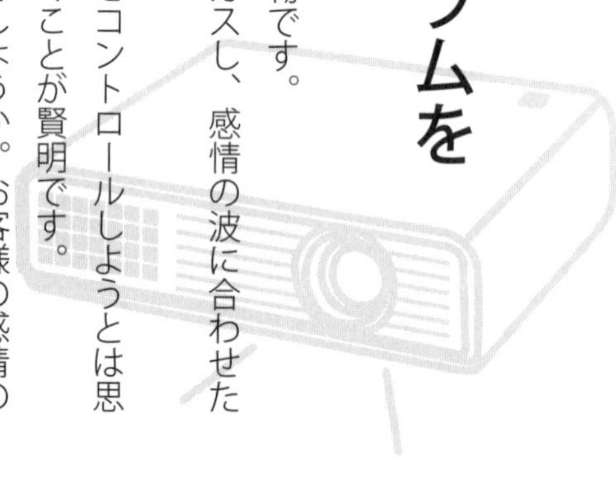

## (1) 不安を取り除く

セミナーに来て、はじめに抱く感情は緊張と不安です。この緊張と不安を取り除くために、会場に音楽を流したり、司会者と参加者との間でコミュニケーションを取ったり、隣の人との交流を促します。

人間は、緊張や不安なままの状態では、勉強するモードにはなりません。セミナーがはじまる前にリラックスした雰囲気を作れるかどうかが、その後の運営のカギとなります。

## （2）危機感を持たせる

セミナーの第1部では、「業界動向と今後進むべき方向性」がテーマになりますが、この「業界動向」の部分で危機感を与えます。

人間が行動を取る時というのは、危機感を持った時です。切羽詰まった状態にならないと、なかなか行動に移そうとしません。

## （3）期待感を持たせる

危機感を持たせることは大事ですが、危機感一辺倒ではいけません。「今後進むべき方向性」の部分では、お客様に期待感を持たせます。ワクワクするような未来をイメージさせて胸を高鳴らせます。

## （4）期待から確信へ

ワクワクするような未来が見せられたら、次はそれを自社で落とし込むイメージを持たせます。そこで、第2部の「ゲスト講師による成功事例紹介」を上手に活用します。同じ悩みを持つゲスト講師が困難を乗り越えて成功した話を聞くことで、自社でもできるというイケル感を持たせることができます。

さらに第3部で、実行に移すための「具体的かつ実践的なノウハウの紹介」をすることで、期待・イケル感が確信へと変わります。

**(5) やるべきことを再認識させる**

第3部で、具体的にやるべきことをインプットさせたあとは、まわりの人との情報共有を通じて、やるべきことを再認識させます。

自分だけでなく、まわりからアドバイスをもらうことで、多くの気づきが得られ、また仲間がいるということが行動の原動力となります。

**(6) 行動のイメージを持たせる**

第4部では、明日から取り組むことへの落とし込みを行い、行動のイメージを持ってもらいます。ここでは、お客様の心には期待と不安が交錯しています。イケルという期待と本当に行動に移して成果が出せるのかという不安です。まずは、第一歩を踏み出してもらうことが重要です。明日から取り組むことを具体的に示してあげれば不安はなくなります。

セミナーのプログラムは、このようにお客様の感情の波に合わせたプログラムの構築が成功のカギになります。セミナープログラムが、参加者の感情にフォーカスできているかどうか、チェックしてみてください。

# 感情の揺れとプログラムを合わせる

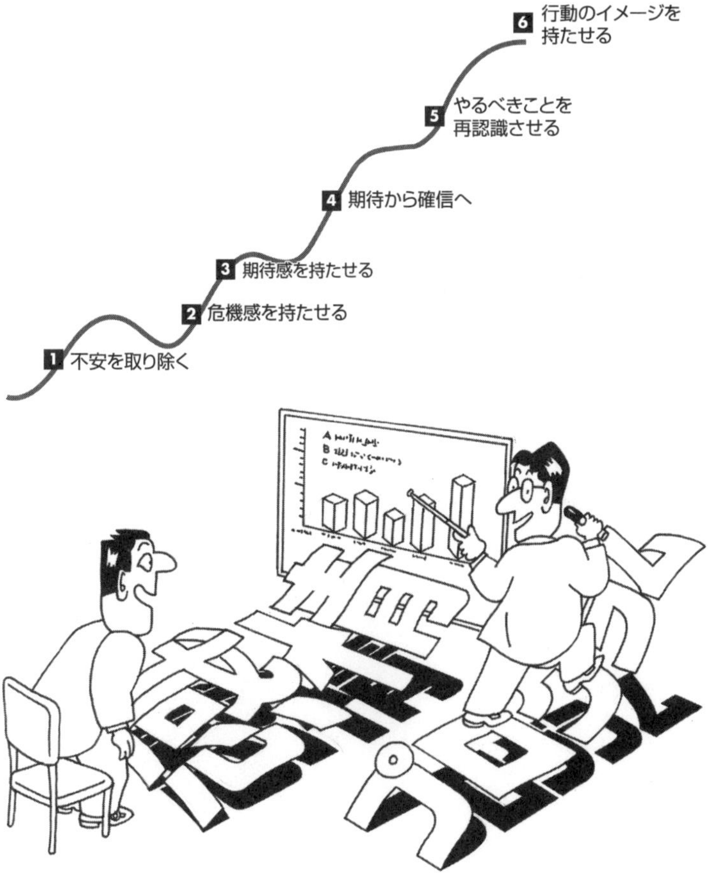

# 成約率を高めるためのフロントエンド商品設定

セミナーを企画する際、まず「売り物」を決めましたが、その売り物がある程度高額（100万円以上）であれば、いきなり「売り物」である本命商品から売り込むのではなく、まずは低額・低リスクのフロントエンド商品を用意する必要があります。

フロントエンド商品とは、次のような特徴を持った商品です。

・お客様にとってメリットばかり（デメリットがほとんどない）
・お客様にとってわかりやすい（考えさせてはダメ）
・安価であること（導入のリスクが少ない）
・すぐに効果が出る（売上アップ、コスト削減）
・本命商品（バックエンド商品）と結びついている

**フロントエンド商品は、文句のつけようのない商品にしなければいけません。**また、フロントエンド商品ということで〝安かろう悪かろう〟はダメです。「フロントエンド商品にこそ魂を込めろ」と言われます。

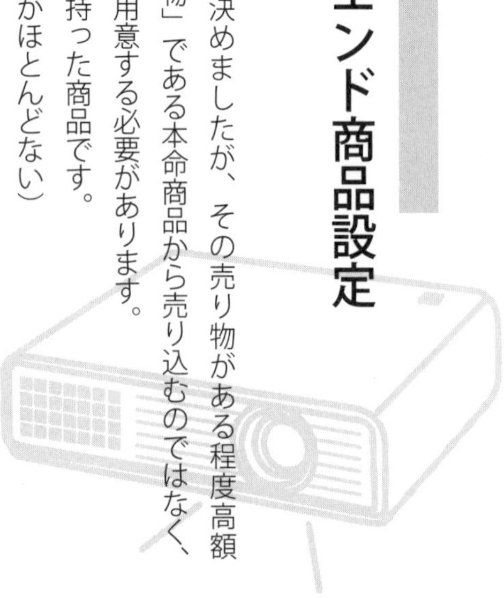

## フロントエンド商品の考え方

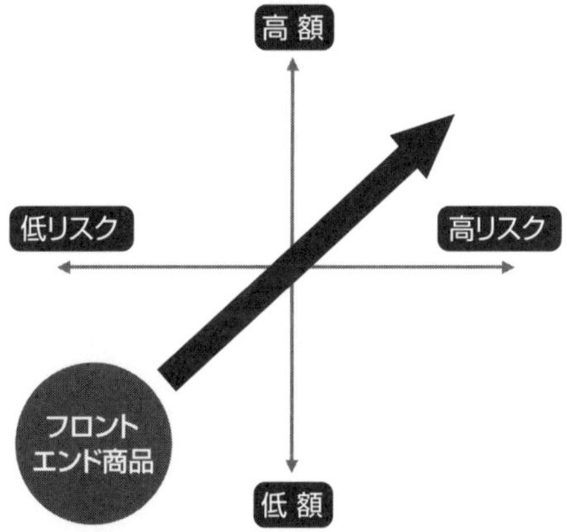


まずは、小額でもいいので、購入してもらうことが重要です。セミナーの真の目的は、このフロントエンド商品の導入と言っても過言ではないのです。

**一度購入すれば、次の購入を促すことは決して難しいことではありません。**特に高額商品の場合は、このようにツーステップで考える必要があります。ただし、それほど高額でない、導入が容易な商品は、無理してツーステップにする必要はありません。

ワンステップで売れる商品なのか、ツーステップが必要な商品なのか、その見極めが必要となります。

2章

# 成功の8割を握るセミナー準備

# 準備は3ヶ月前から

後始末の逆の意味で、「前始末」という言葉があります。物事が成功するかどうかは、事前の準備でほとんど決まってしまいます。それほど、準備というものは大事なのです。**セミナーを成功させるためには、準備を3ヶ月前からスタートさせる必要があります。**ここから、すでに勝負がはじまっています。

実際には3ヶ月前の時点で、次のような準備をしていきます。

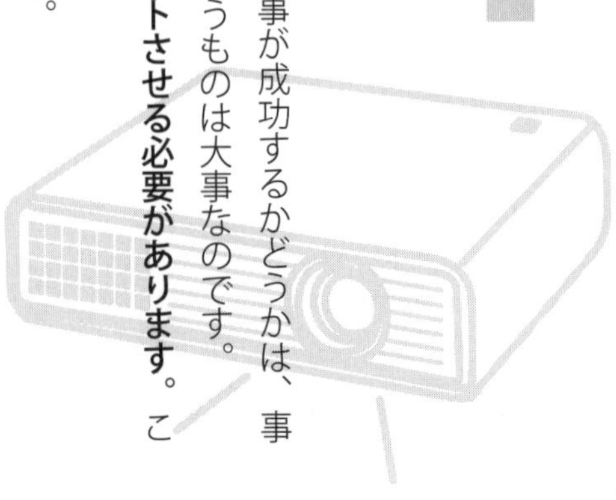

## (1) マスタースケジュールの作成

まずは、おおまかなスケジュールを組みます。何日前に何をやらなければならないかを大きく把握します。そこで、全体のスケジュール感を持つことからはじめます。

マスタースケジュールの雛形を作っておくと、セミナー開催日が決まってしまえば、逆算でアクションが決まっていきます。

## (2) 集客プランの立案

集客プランとは、何人にどの手段でセミナーの案内を告知すれば、何名集まるかという設計図です。次のような項目を設定して数値を予測することで、だいたいどれくらいの人数を集客できるかが読めるようになります。

・集客手段
・費用
・母数
・反響率
・CPO（申込1件あたりの費用）

## (3) 複数のシナリオを用意

集客プランを立案する場合に気をつけたいことは、あらかじめ複数のシナリオを用意しておくということです。集客が予定どおりにいけば、それはすばらしいことですが、現実にはなかなかそううまくはいかないものです。

集客の状況が思わしくない場合に、どの時点でどう判断して、追加の施策を打つべきかを考えておきます。

集客がうまくいかないとわかった時点で、あれこれ考えてもあとの祭りです。複数のシナリオを用意することで、目標とする集客数に近づく可能性が高くなります。

# マスタースケジュール

## マスタースケジュール

作成日（　　月　　日）

| 時期 | 内容 | 予定日 | 実施日 |
|---|---|---|---|
| ９０日前 | 日程決定 | 月　　日 | 月　　日 |
| | 会場選定と確認（会場担当者） | 月　　日 | 月　　日 |
| | セミナー企画 | 月　　日 | 月　　日 |
| | ＤＭラフ案作成 | 月　　日 | 月　　日 |
| | 名簿の収集（名簿会社等） | 月　　日 | 月　　日 |
| | 名簿の見積もり（名簿会社等） | 月　　日 | 月　　日 |
| | 名簿の発注（名簿会社等） | 月　　日 | 月　　日 |
| ６０日前 | 集客プランの作成 | 月　　日 | 月　　日 |
| | 受講表の作成 | 月　　日 | 月　　日 |
| | ＤＭの作成・発注（印刷会社） | 月　　日 | 月　　日 |
| | ＤＭの校正（印刷会社） | 月　　日 | 月　　日 |
| ４５日前 | ＤＭの納入日の確認（印刷会社） | 月　　日 | 月　　日 |
| | ＤＭの発送日の確認（ＤＭ発送業者） | 月　　日 | 月　　日 |
| | ＤＭ発送（ＤＭ発送業者） | 月　　日 | 月　　日 |
| | 講師のスケジュール確認（テキストＵＰ、枚数等） | 月　　日 | 月　　日 |
| ２週間前 | 会場予約確認（会場担当者） | 月　　日 | 月　　日 |
| ２日前 | 会場備品、参加人数の確認 | 月　　日 | 月　　日 |
| 前日まで | テキスト製本・発送 | 月　　日 | 月　　日 |
| | お礼状を書く | 月　　日 | 月　　日 |
| | セミナーに持っていくものの準備 | 月　　日 | 月　　日 |

# 集客プラン

| プラン | 集客手段 | 費用 | 母数 | 反響率 | CPO（申込1件あたりの費用） |
|---|---|---|---|---|---|
| プラン① | 郵送DM | 400,000円 | 3,000件 | 2% | 6,667円 |
| プラン② | メールDM | 100,000円 | 5,000件 | 0.5% | 4,000円 |
| プラン③ | ・・・ | ・・・ | ・・・ | ・・・ | ・・・ |

# セミナーを告知するリストの集め方

セミナーを告知するためのリストには、無料のものと有料のものがあります。さらに、自社で保有するものと他社が保有しているものがあります。

基本的には、無料で入手できるリストをできるだけ集め、足りない部分は有料のリストを購入するようにします。

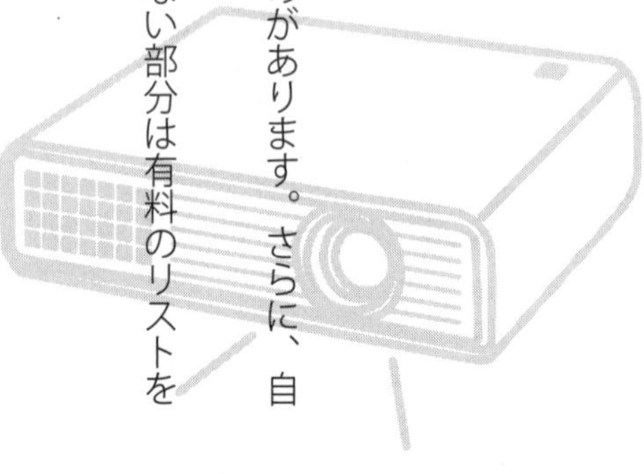

## （1）無料のリスト

このリストは、今までにあなたの会社と一度でも接点のあった会社のリストです。例えば、次のようなものがあげられます。

- 既存客
- 過去のセミナー参加者
- 資料や小冊子の請求者
- 名刺交換したことのある人

## （2）有料のリスト

このリストは、市販されているものです。帝国データバンクや東京商工リサーチなどで、業種別や年商別のリストを購入することが可能です。

リストが購入できる会社は、他にも次のような会社があります。

・ジャンボ　・NETFAX

無料であれ有料であれ（有料であれば購入）、これらは自社で保有するリストになります。

それとは別に、自社で保有していないリストをいかに確保できるかがポイントになります。

一度考えてみてください。**あなたがターゲットとする会社のリストを持っている人は、他にいませんか？　それは誰ですか？**

例えば、あなたがターゲットとする会社向けのメールマガジンを発行している人、あなたのターゲットがよくアクセスするWebサイトの運営者、あなたのターゲットと同じ顧客層に対して商品やサービスを提供している会社など、これらはすべてリストの候補となります。

しかも、交渉次第では、タダで手に入れることも可能ですから、これほど効果的なリスト収集法はありません。

他社が保有しているリストを、ぜひ探してみてください。

## リスト購入先一覧

| 会社名 | 連絡先 |
| --- | --- |
| 帝国データバンク | 〒 107-8680<br>東京都港区南青山 2-5-20<br>**TEL：03-5775-3000**<br>URL：http://www.tdb.co.jp/ |
| 東京商工リサーチ | 〒 105-0004<br>東京都港区新橋 1-9-6 号 COI 新橋ビル<br>**TEL：0120-106-007**<br>URL：http://www.tsr-net.co.jp/ |
| ジャンボ | 〒 225-8501<br>神奈川県横浜市青葉区荏田町 1474-4　ジャンボビル<br>**TEL：045-912-2112**<br>URL：http://www.jmb.co.jp/ |

## 他社保有リスト

**ターゲットリスト**

- **自社保有リスト**
  - 名刺
  - 資料請求者リスト
  - 購入者リスト
- **他社保有リスト**
  - ターゲット向けのメルマガ
  - ターゲット向けのWebサイト運営者
  - ターゲット向けの商品・サービス提供事業者

**あなたがターゲットとする会社のリストを持っているのは誰か？**

# セミナー日程の決め方

セミナーの日程決めに悩んだことはありませんか？　セミナー日程の決定は、意外に悩むことが少なくありません。

日程を決めるには、次のようなことを考慮して決定します。

・業種の特性（休業日・営業時間・経営者の行動特性）
・月や曜日（休業日・繁忙期・閑散期）
・時間帯（参加者が空いている時間、むしろ忙しい時間）
・土地柄（お盆・祭り）

その中でも一般的なのは、次のようなパターンです。

・月／1月、8月、12月を除いて空いている月
・曜日／土日、祝日、月、金を除く平日（業種によっては、逆に土日・祝日中心）

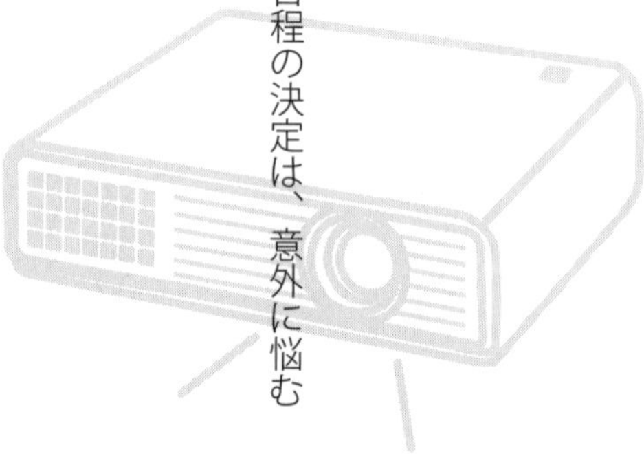

・時間帯／13：00～17：00（3部～4部構成）＋無料相談

しかし、その設定が本当に正しいかどうかは、テストしてみないとわかりません。例えば、それぞれ少しずつ変化させてテストしてみるのも面白いでしょう。

・時間帯を変える／モーニングセミナー、イブニングセミナーなど
・曜日を変える／祝日や日曜日のセミナーにする
・形態を変える／講演＋異業種交流会（軽飲食あり）など

**新たなセミナーの形を作ることで、今まで埋もれていたターゲットや、考慮していなかったターゲットがつかめる可能性も出てきます。**

また、ひそかにおすすめなのが、「満月の日」です。ちなみに、「新月の日」は避けたほうが無難です。実は、私どもの過去のセミナーを振り返ってみると、満月の日に開催したセミナーは当たっていて、新月の日は大ハズレということが少なくないからです。

満月の日は合コンの成功率が高いそうですが、セミナーの受注率も増大する効果があるのかもしれません。

# 会場の選定と手配

会場選びは、セミナーの準備でとても重要な業務のひとつです。チェックすべきポイントはかなり多いので、**チェックリスト化して、選定の際の判断基準にするのがいいでしょう。**

・立地（駅からの近さ、わかりやすさ）
・会場の大きさ＆レイアウト（机・椅子の設置はどちらがやるか）
・クロークの有無
・机のクロス
・講師のステージ（大きさ）＆講師台
・司会台
・スクリーンの大きさ
・プロジェクター＆ＤＶＤ再生機
・音響設備（ＤＶＤやパソコンの音もつながるか、ＢＧＭはかけられるか）
・それぞれをつなぐコードの長さや種類

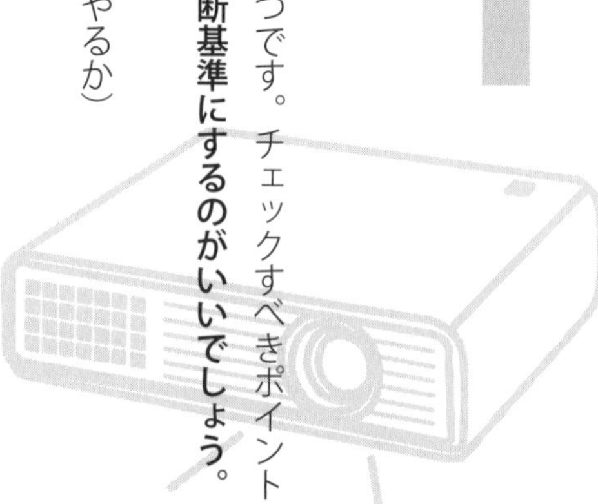

・ミネラルウォーターとコーヒーの提供&値段
・受付&看板の有無、設置場所
・マイクの本数と形態（ワイヤレス、有線）
・喫煙所の有無
・ホワイトボード、マーカー
・指し棒
・空調設備
・事前送付物の受取状況
・先方の担当者の連絡先　など

確認すべき項目は少なくありません。毎回の手間を省くためにも、やはりチェックリスト化しておきましょう。

会場選びは、最近ではインターネットが便利です。**セミナー会場選びのためのポータルサイト**が複数ありますので、それらを活用すれば短時間で会場を選ぶことができるでしょう。

最後に、会場選びで気をつけなければならないことは、セミナーが有料の場合、会場がそれに見合うだけのものになっているかどうかです。有料セミナーであるにもかかわらず、安くてみすぼらしい会場を選ぶと、会社のイメージを傷つけることになります。

## 会場選びのチェックリスト

- □ 立地（駅からの近さ、わかりやすさ）
- □ 会場の大きさ＆レイアウト（机・椅子の設置はどちらがやるか）
- □ クロークの有無
- □ 机のクロス
- □ 講師のステージ（大きさ）＆講師台
- □ 司会台
- □ スクリーンの大きさ
- □ プロジェクター
- □ ＤＶＤ再生機
- □ 音響設備（ＤＶＤやパソコンの音もつながるか、ＢＧＭはかけられるか）
- □ それぞれをつなぐコードの長さや種類
- □ ミネラルウォーターとコーヒーの提供＆値段
- □ 受付＆看板の有無、設置場所
- □ マイクの本数と形態（ワイヤレス or 有線）
- □ 喫煙所の有無
- □ ホワイトボード、マーカー
- □ 指し棒
- □ 空調設備
- □ 事前送付物の受取状況
- □ 先方の担当者の連絡先　　など

## 会場選びで使えるWebサイト

### ■ TKP貸会議室ネット
http://www.kashikaigishitsu.net/

### ■ ミーティングプラス
http://www.meetingplus.net/

### ■ 会議室ドットコム
http://www.kaigishitu.com/asp/top_main.asp

### ■ 貸会議室ナビ
http://www.kaigi-navi.com/

### ■ JMA貸会議室サーチ
http://www.jma-m.co.jp/

### ■ 研修・会議e-情報
http://kenshu.e-joho.com/

### ■ かりるなら.com
http://www.karirunara.com/space/kaigisitu/kaigisitu_index.htm

### ■ 貸会議室ドットコム
http://www.kashikaigishitsu.com/

# セミナー当日までに必要なもの

当日に向けた準備は、主に当日に必要となる物品の調達、およびそれらの会場への送付となります。準備モレがあった場合、当日混乱が予想されるため、チェックリストを用いてモレのないように確認を行いましょう。

## （1）受付用

①参加者名簿（2部）

受付チェック用の名簿。たてこんだ時に複数名で対応しやすいよう、2部用意しておきます。

②領収書

当日、お客様から要望があった場合に出す領収書。枚数が、少なくとも参加者人数分あるかどうか確認しておきます。

③釣銭

当日、現金のやり取りがある場合は釣銭の用意をします。釣銭金額のそろえ方は販売商品の金額を参考にします。

④金庫

お金の管理などを行う金庫。鍵付きのもので、持ち運びしやすい小型のものがよいでしょう。

⑤電卓

釣銭を計算するために使用します。

⑥収入印紙

当日、3万円以上の売上が発生する場合は収入印紙を用意します。

⑦ボールペン

メモ書き用。黒と赤の2種類あると便利です。

⑧蛍光ペン

受付確認をする際に使用します。3色くらいあると便利です。

⑨印鑑

領収書に捺印する印鑑。特に収入印紙を使用する場合は半割印が必要なため、必ず用意しておきます。シャチハタでもOKです。

⑩のり

収入印紙添付用ののり。

⑪会場地図

当日、会場に向かうお客様に道案内をするために必要です。

⑫メモ用紙

スタッフ間の伝言用。ポストイットなどでもOKです。

## （2）配布物

①セミナーテキスト

当日セミナーで使用するテキスト。事前に会場に送付しておくのが望ましいでしょう。

②アンケート

セミナーを行う目標のひとつがアンケートの回収です。そのため、これは絶対に忘れてはいけません。

③ワンクリック申込書

詳細は4章で紹介します（152ページ参照）が、成約率を高めるために必要になります。

④大封筒

テキストやその他の資料を持ち帰る際、お客様に使用していただきます。

### （3）会場用

①スライド表示用パソコン

プロジェクターに接続するパソコン。パソコンによってはプロジェクターとの相性が悪い場合があるため、事前の動作確認は忘れずに。

②プロジェクター

スクリーン投影用のプロジェクター。自社購入するか、会場手配ができる場合もあります。

③延長コード

プロジェクターやパソコンに使用する延長コード。会場手配ができる場合もあります。

④ホワイトボード用マーカー

ホワイトボード記入用のマーカー。会場によっては太さ・色のバリエーションに乏しい場合があるので、必要な場合は持ち込みます。

⑤マグネット

ホワイトボードにものを留めるためのマグネット。会場に準備がない場合があるため、注意が必要です。

⑥ＢＧＭ用ＣＤ

休憩時間中に流すBGM。ヒーリング系・クラシックなどの静かなものがいいでしょう。会場によってはオーディオ機器の用意がないので、事前に確認しておく必要があります。

**（4）営業用**

①企業情報（申込用紙コピー）

セミナー時にアプローチをかけるために使用する、企業情報などをまとめた資料。ホームページに記載されている情報や、申込時に取得した情報もまとめて用意します。

②営業ツール

パンフレットや顧客事例、デモができる準備をしておきます。

# 当日までに用意するものチェックリスト

## 受付用

- □ 参加者名簿（2部）
- □ 領収書
- □ 釣銭
- □ 金庫
- □ 電卓
- □ 収入印紙
- □ ボールペン
- □ 蛍光ペン
- □ 印鑑
- □ のり
- □ 会場地図
- □ メモ用紙

## 配布物

- □ セミナーテキスト
- □ アンケート
- □ ワンクリック申込書
- □ 大封筒

## 会場用

- □ スライド表示用パソコン
- □ プロジェクター
- □ 延長コード
- □ ホワイトボード用マーカー
- □ マグネット
- □ ＢＧＭ用ＣＤ

## 営業用

- □ 企業情報
- □ 営業ツール

# ゲスト講師との打合せ

ゲスト講師を招く場合には、セミナー前に必ずゲスト講師との打合せを実施しておく必要があります。

ゲスト講師は、ただ大物を呼べばいいというわけではありません。ゲスト講師を呼ぶことでお客様に、「あのゲストはずいぶんと講師を慕っているな。いい関係で仕事をしているんだろうな。ウチもお願いしたらあんな感じになるんだろうな」と思わせるのです。

そのためにも、次のようなことはしっかりと押さえておく必要があります。

### （1）大まかな流れはこちらから提示

これは極端な例かもしれませんが、ゲスト講師のセミナーテキストの目次をこちらで考えてしまいます。それぐらいまでやったほうが確実です。

避けたいのは、ゲスト講師との意識合わせができておらず、セミナー主催者の趣旨と違う話をゲスト講師がしてしまい、会場がおかしな雰囲気になってしまうことです。

セミナーの趣旨とともに、全体の流れをしっかりと説明しておきましょう。

## (2) セミナーで伝えてもらいたいポイントを明らかにする

結局、ゲスト講師の方にはこれを言ってもらいたい、ということを明確にしたものを紙に書いて渡します。口頭では忘れてしまう可能性がありますので、紙でもメールでも結構ですが、「セミナーで話していただきたいポイントはこれ!」というものを明確に伝えておきましょう。

## (3) 信頼関係を築く

セミナーでは、ゲスト講師と主催者とのよき信頼関係を見せたいものです。そのためにも、打合せを何回か重ねて、セミナー前に信頼関係を築いておく必要があります（もうすでに信頼関係のあるゲスト講師の場合は回数は必要ありません）。

打合せでは、セミナーをやることの使命、意義などについて語り合うと効果的です。また、雑談を通じて、考え方や趣味などの共通点を見つけることで、ゲスト講師との距離がぐっと縮まります。

# セミナーでの役割と責任は明確に

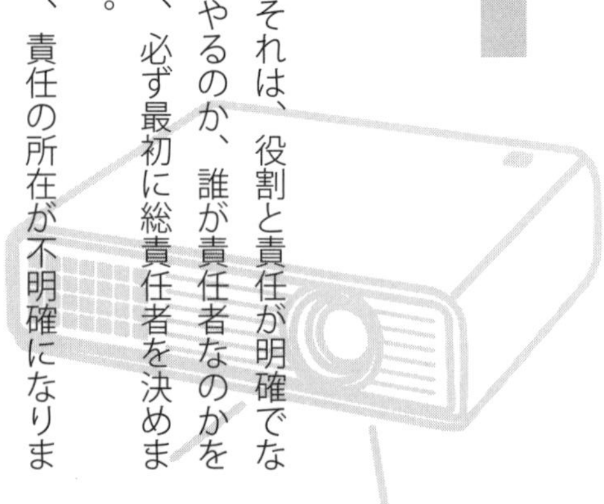

セミナー運営で失敗する原因はだいたい決まっています。それは、役割と責任が明確でない場合です。やるべきことをすべてピックアップして、誰がやるのか、誰が責任者なのかを決める必要があります。私どもがセミナーを運営する際には、必ず最初に総責任者を決めます。私どもでは最高運営責任者（COO）と名づけています。

**最高責任者は1人でなければいけません。**複数存在すると、責任の所在が不明確になります。ですから、責任者は必ず1人です。

それでは、やるべきことをリストアップしましょう。

- 会場入り
- 最終事前打合せ
- 受付開始
- 司会挨拶
- 講座中の対応
- 休憩中の対応
- アンケート記入
- 閉会
- お見送り

すべてのタスク（役割）を一覧表にしたら、そこに名前を書いていきましょう。タスクを実行するのは複数で結構ですが、責任者はもちろん1人です。

## 役割分担表

| 時間 | ●●●セミナー | 講師① | 講師② | 司会 | スタッフ① | スタッフ② | スタッフ③ |
|---|---|---|---|---|---|---|---|
| ～12:30 | 会場入り | 集合 | 集合 | 集合 | 集合 | 集合 | 集合 |
| 12:30～13:30 | 最終打合せ | 最終打合せ | 最終打合せ | 会場設営 | 会場設営 | 会場設営 | 会場設営 |
| 13:30～14:00 | 受付開始 | 待機 | 待機 | 座席誘導 | 座席誘導 | 受付 | 受付 |
| 14:00～14:10 | 司会挨拶&名刺交換 | 待機 | 待機 | 司会 | 聴講 | 聴講 | 聴講 |
| 14:10～15:30 | 第一講座 | 講師 | 聴講 | 司会聴講 | 聴講 | 聴講 | 聴講 |
| 15:30～15:40 | 休憩 | | | お客様フォロー | お客様フォロー | お客様フォロー | お客様フォロー |
| 15:40～17:00 | 第二講座 | 聴講 | 講師 | 司会聴講 | 聴講 | 聴講 | 聴講 |
| 16:50～16:55 | セミナープロデュースの案内 | | セミナープロデュースの案内 | | | | |
| 16:55～17:00 | アンケート記入　閉会 | | | アンケート記入促進、閉会の案内 | | | |
| 17:00～ | お見送り | お見送り | お見送り | お見送り | お見送り | お見送り | お見送り |

# 運営シミュレーション

運営シミュレーションは、セミナーを成功させる上でとても重要な取組みです。まずは、自分がお客様になったつもりでセミナーのシミュレーションをしてみましょう。

それでは、一緒にやってみましょう。さあ、スタートです。

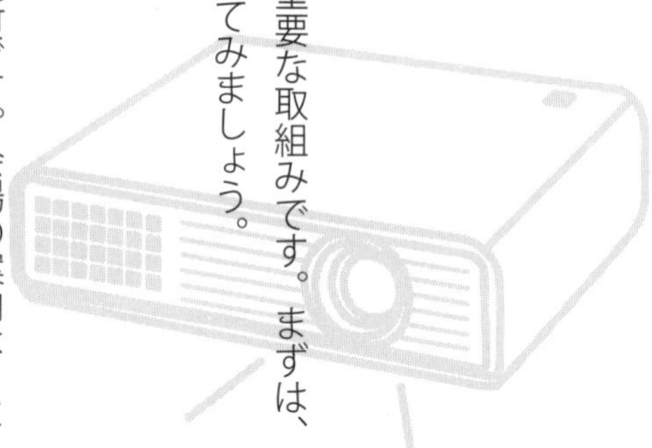

**(1) 会場までの誘導**

お客様が会場のある建物に到着すると、まず探すのは会場の場所です。会場の案内は目につく場所にあるでしょうか？ もし、建物の入口から遠い場所にあるようであれば、スタッフが誘導したほうがいいかもしれません。

いかに、お客様を迷わせることなく、スムーズに会場まで誘導できるかを考えましょう。

**(2) お出迎え**

お客様が会場に来られると、元気な声で挨拶をします。その時にかける言葉は、「いらっしゃいませ」ではなく、「こんにちは」です。「いらっしゃいませ」は、売り手側の言葉です。売り込み色をなくし、親近感を持っていただくために「こんにちは」を使います。

挨拶が終わったら、座席への誘導です。席数に対して誘導する人員は足りているでしょうか？　誘導に必要な人員は、参加者10人につき1人と考えておきましょう。

座席指定の場合は、お客様のお名前を確認して、指定の座席に誘導します。また、座席指定のない場合は、前の席から誘導していきましょう。

### （3）着席

お客様が着席する際、コートや上着の置き場に困っていたら、進んでコートを取りにいき、コート掛けにかけてあげます。対応のよさにお客様は少しびっくりするかもしれません。

また、座席を立って、トイレや喫煙所の場所を探しているお客様がいたら、進んで声をかけます。トイレや喫煙所の場所を丁寧に教えてあげます。もし、手が空いているようだったら、その場所までご案内します。あくまでもおもてなしの心が必要です。

### （4）待ち時間

セミナーがはじまるまでの待ち時間は、期待感が高まるような音楽が流れていますか？　何も音楽が流れずシーンとしているようだと、緊張感が高まってしまいます。できるだけリラックスできて期待感の高まる音楽をＢＧＭとして流しておきます。

### （5）セミナー開始

さあ、セミナーがはじまります。ＢＧＭのボリュームを徐々に落として、いよいよ司会から開始の挨拶です。その時、スタッフの配置はどうですか？　どこかに偏っていたり、会場内に誰もいないなどということがないように注意しなければなりません。また、遅れてくるお客様の受付のためのスタッフを残して、あとは会場内でスタンバイします。

### (6) 講演中

講演中は、空調や照明などに気を使う必要があります。うちわであおいでいる人が増えれば、温度を下げるサインだし、腕を組んで寒そうにしている人がいれば、温度を上げるサインです。

講演中は、常にお客様の動きにフォーカスして、何か問題があれば、すぐに対応できる状態にしておきましょう。また、講師から何らかのサインが出される場合もありますので、講師の動きにも注意しておきます。

### (7) 休憩中

休憩時間には、トイレに行く人、喫煙所で一服する人がいます。しっかりと案内できるようにしておきましょう。また、休憩中はお客様からの要望があがってくる場合があります(温度を下げてくれなど)。要望は放っておかずに、適切に対応しましょう。

休憩時間の終わりが近づいてきたら、会場の外にいる人に声をかけて、会場に入るように促します。講演がはじまってから、バタバタと入ってくることがないようにします。

**（8）セミナー終了**

セミナーの終了直後は、しっかりと気を使わなければいけません。セミナーが終わると、すぐに席を立って帰りはじめる人がいますが、それを極力抑える努力をします。

あらかじめ検討をしていた席を立たせない仕掛けがうまくいくイメージはありますか？セミナーが終わっても、お客様が静かにアンケートを書いているイメージが描けますか？もし、イメージできないようであれば、作戦を練り直しましょう。

**（9）お見送り**

最後は、お見送りです。セミナーを最後まで聞いていただいた感謝の気持ちを込めて、深くお礼をしてお見送りします。お見送りの場所は、会場の出口、エレベーターの前、会場建物の出口など、場所に応じてスタッフを配置させます。

さて会場内で、講師に声をかけたいけれど、名刺交換の行列ができていて声をかけられず困っている人はいませんか？　そんな人がいたら、ぜひ声をかけてあげて、名刺交換の行列がおさまるまで、一緒に時間をつぶしてあげてください。もちろん、そこは営業のチャンスでもあります。

さあ、どうでしょうか？　セミナーが成功するイメージを持てましたか？　イメージを持つことができたなら、準備はほぼ万全です。もし、イメージを持つことができない、ところどころで引っかかるようなら、どこが問題かを分析した上で再度シミュレーションしましょう。これは、成功をイメージできるようになるまでやってみてください。

3章

# 行列ができるセミナー集客法

# DMは顧客関係構築ツール

セミナーを開催するにあたり、お客様を集める方法はいろいろありますが、一番効率的なのは、絞り込んだターゲットにアプローチできるダイレクトメール（DM）です。最近は、ブログなどを使った集客なども手法としてはありますが、実際には、そのブログにどうやってお客様を連れてくるかのほうが問題となります。

その点、DMであれば、リストさえ用意すれば、誰でもゼロから集客してセミナーを開催することができます。DMのノウハウに関しては書籍なども数多くありますが、テクニックに走る前に、理解しておいてほしい重要な考え方があります。それは、**「DMは顧客関係構築ツール」**だということです。

DMというと、どうしても「いかにしてお客を集めるか」に目がいきがちです。特に最近では、悪徳商法と同じで、必要以上に顧客の危機感を煽（あお）り、詐欺まがいの行為でお客様を集めるDMが見受けられます。これは、ダイレクト・マーケティングの先進国であるアメリカの集客手法の悪用と言えます。

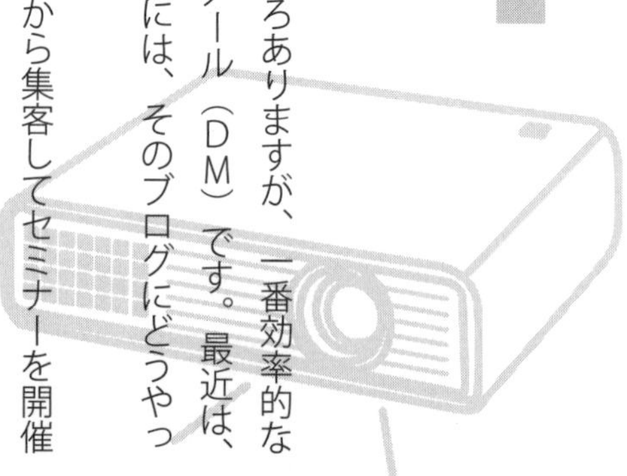

そもそもアメリカ型のマーケティングは、ノウハウは強力ですが、基本的に顧客から奪い取るマーケティングですから､活用する場合は気をつけなければなりません。顧客をだます、顧客から奪うようなことをしていては、それこそ一度きりの商売で終わってしまいます。

**「DMは単なる集客のためのツールではなく、顧客と良好な関係性を築くためのもの」**と考えるべきです。そこを履き違えてしまうと、継続的にセミナーを成功させることはできなくなります。

顧客との良好な関係性を築くためには、適切な情報を、心理操作することなく適切に提供し、価値観が共有できて、集まってくれた人に対して価値のある情報を提供することが必要です。その活動をDMやセミナーを通じて行っていくことになります。

よくある悪い例が、次のようなDMです。

- 相手の聞きたいことではなく、自分の言いたいことしか書かれていない
- 普段、顧客が使う言葉を使っていない
- 社名や商品名が全面に出ている
- 顧客のメリットが提示されていない

このようなDMを「独りよがり型DM」と言います。あなたのDMは独りよがりになっていませんか？

# 顧客視点・顧客思考のＤＭ発想法

ＤＭは、単にお客さんを集めるツールではなく、顧客との関係を構築するツールだという認識を持ったら、さっそくＤＭ作りに取りかかりましょう。

ＤＭ作りで最も重要なポイントは何ですかと問われたら、真っ先にこう答えます。

**「顧客視点・顧客思考」**

前項の悪い例にもありましたが、当たらないＤＭというのは、お客様の立場で考えていないＤＭです。おそらく、自分が顧客になったつもりでものを考えたことがないのでしょう。

**当たるＤＭの最大のポイントは、どれだけ真剣にお客様の立場になって考えられるか、です。**

顧客視点・顧客思考になることは、言葉では簡単ですが、意外と難しいものです。

それでは、どうすれば顧客視点・顧客思考でＤＭを作ることができるのか、考えてみましょう。

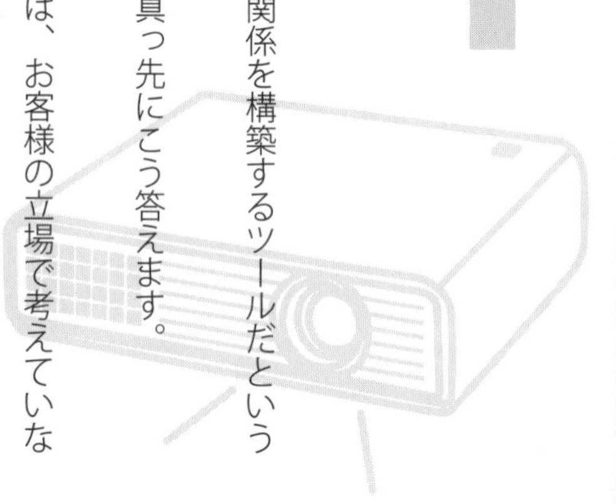

## （1）顧客が直面する現実をイメージする

ここでは、自分が顧客になったつもりでイメージしてみてください。あなたがおつき合いしたいと思う理想のお客様を具体的に1人イメージしてみてください。

そのお客様は、1日どのような行動を取っているでしょうか？　朝起きて、どんな行動を取るでしょうか？　出社一番にすることは何でしょうか？　午前中は主に何をしているでしょうか？　昼食はどんなところですませて、昼休みは何をしているでしょうか？　午後からは何をして、退社する直前は何をしているでしょうか？　帰宅後はどのような時間の過ごし方をしているでしょうか？

まずはお客様になりきって、自分の頭をお客様の頭に切り替えてみましょう。

それができたら、お客様が今直面している現実、問題、悩みにフォーカスしてみましょう。朝起きてすぐに頭をかすめるほど気になっていることは何でしょう？　夜になかなか寝つけないくらいの悩みは何でしょうか？

自分がお客様になったつもりで、こうしたことをイメージしてみましょう。

## (2) 顧客が想い描く理想の未来をイメージする

今度は、現状にとらわれることなく、お客様が思い描く理想の未来をイメージしてください。ここでも、あなたがおつき合いしたいと思う理想のお客様を具体的に1人イメージして考えてみましょう。
お客様が抱える悩みを解決できたとしたら、お客様はどのような状態になるでしょうか？どのような感情を持つでしょうか？　どのような気分になるでしょうか？　どのような表情になるでしょうか？　毎日の生活スタイルがどう変わるでしょうか？　業務がどう変わるでしょうか？　新しい変化は何をもたらすでしょうか？
ここでもお客さんになり切って、自分自身も同じような感情を抱くつもりで考えてみましょう。

このようなイメージが具体化できればできるほど、お客様に対して本当に価値のある提案ができるようになります。
とにかく、顧客の視点で、顧客の思考で考えてみることです。これができないと的外れな提案になってしまい、セミナーに人が集まらなくなります。
顧客の現実を受けとめて、共感してあげます。そして、理想の未来に向かってお客様を導き、一緒に近づいていこうというスタンスが最も重要になるのです。

## 顧客が直面する現実と理想の未来

**1.** お客様が直面する現実とは

**2.** お客様が想い描く理想の未来とは

# 最強のＤＭ、「レポート型ＤＭ」の構造

ダイレクトメール（ＤＭ）にはさまざまなタイプがありますが、顧客との関係性を構築し、顧客から共感を得やすいツールとして、「レポート型ＤＭ」をご紹介します。

レポート型ＤＭには、特筆すべき３つの特徴があります。

**①構造**
**②先に与えるというコンセプト**
**③対談形式**

さらにレポート型ＤＭには独特の構造があり、次のような構造になっています。

**「無料の価値あるレポート」＋「手紙」＋「案内」＋「お客様の声」**

## レポート型DMの構造

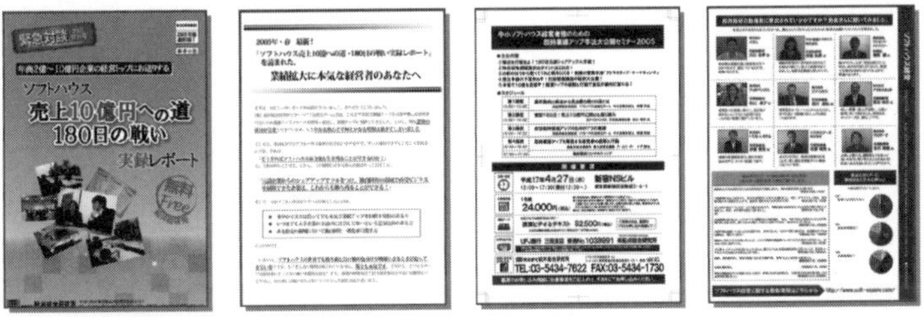


無料の価値あるレポート　手紙　案内　お客様の声

次項で詳しく解説しますが、レポート型ＤＭの一番のポイントは、ＤＭ構造の一番最初にある「無料の価値あるレポート」です。ＤＭを送るのではなく、無料の価値あるレポートをプレゼントするというスタンスが最重要ポイントなのです。

まず先にプレゼントを与えてから、手紙を使ってセミナーを受講することのメリットを訴求し、セミナーの案内をする。まるで大事なお客様をもてなすようにです。最後は、お客様の声で実績と信頼性をアピールする。これが、レポート型ＤＭの基本的な構造になります。

これらをＡ４サイズの透明な封筒に入れて送ります。透明封筒のよい点は、封筒を開く前から中身が見えていることです。そこで、いかに目につくキャッチーな表紙にするかが重要になります。

# コンセプトは「先に与える」

ＤＭを、集客のためのツールとしてしかとらえない場合、何とかして数を集めようという想いが強くなりがちですが、ＤＭはあくまでも顧客との関係構築ツールなのです。よい関係を構築するためには、コツがあります。そのコツというのは、「先に与える」ことです。

相手にお願いをする時や行動を起こしてもらいたい場合は、まず先に与えるというスタンスが重要となります。まずは与えないと、相手は動いてくれません。ＤＭも同じです。**相手に来てもらいたいのであれば、先に何か価値あるものを与える必要があります。**

ここで、先に与えるものは「無料の価値あるレポート」になります。レポートの内容としては、次のようなものが考えられます。

・業界の最新動向レポート
・業界の未来予測レポート
・成功事例レポート

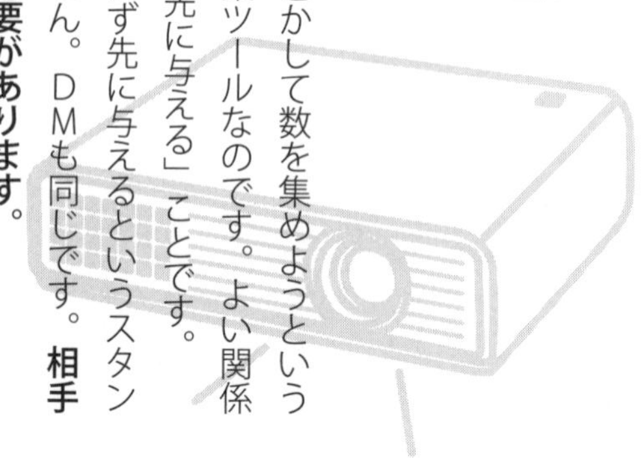

・成功するためのノウハウ公開レポート
・（商品・サービス）徹底活用レポート

レポートには、ある程度決まった流れがあります。そのひとつが**「問題解決ストーリー」**、もうひとつが**「困難からの成長ストーリー」**です。

「問題解決ストーリー」は、最初に業界や顧客が直面している問題を提示し、危機感を抱かせ、それに対する解決策を提示する流れです。とてもシンプルな構成ですが、大事なのは順番です。順番が逆になる（解決策を先に提示してしまう）と効果はありません。

ＩＴ業界でよくあるのが、製品のよさばかりを先に提示してしまうパターンです。これでは問題を提示していないため、行動する必要性に迫られません。

「困難からの成長ストーリー」は、最初にある困難な状態から、いかにして困難を乗り越えて成長していくかという流れです。困難を乗り越えるきっかけが、あなたの商品やサービスになるのは言うまでもありません。人間は誰しも、困難を乗り越えて成長していくストーリーが好きです。共感しやすいからです。ここでは、人間のそうした性質をフルに活用します。

相手に行動してもらおうと思ったら、先に与えるのです。ギブ＆テイクではなく、ギブ＆ギブの精神がそこにはあります。

# レポート型 DM ①

1

緊急対談 2005 特別号
2005年春 最新版！
年商2億～10億円企業の経営トップにお送りする
ソフトハウス
売上10億円への道
180日の戦い
実録レポート
無料
Free
株式会社 船井総合研究所


2

3

4

# レポート型DM②

## 5

ソフトハウス売上10億円への道 180日の戦い 実録レポート

斉藤…元請企業の担当者は入れ替わりが激しいのですが、たとえ担当者が変わったとしても、このカタログがあればどんなことができて、どんな実績があるのかすぐに分かります。「この会社にはこんな実績があって、**これなら安心してまかせられる」といった状況を常に作りだす**ことが重要なんです。

司会…今まさに「戦略中」ということですが、180日が経った現時点で、どんな成果がありましたか？

杉山…**売上が前年比130%の勢いで伸びています**。前述元請企業からのシェアアップのおかげと言えますね。また、**一番感じるのは社員の一体感**です。10億円企業を目指すという大きなひとつの目標を明確に掲げたことで、いままで個々バラバラだったベクトルが**ひとつの方向に向いて動き出した**気がします。そのような一体感が出てきたのも「**クレド**」の効果でしょう。これも斉藤さんといっしょに作ったのですが、「クレド」とはラテン語で信条や信念を意味するものだそうで、名刺サイズの大きさの紙にアイロベックスの**ビジョンと行動指針**などが記載されています。これを肌身離さず持ち歩き、朝礼で使用したりして、ビジョンの浸透を図ってます。今までは何となく伝わっているだろうと勝手に思っていたことも意外と伝わっていなかったんです。明文化して初めてそれがわかりました。

杉山…**会社が日々変わっていっていることを感じます**。これからの成果が楽しみです。

司会…ところで、斉藤さんは今回の180日の取り組みを全公開するセミナーを開催されると伺いましたが？

斉藤…はい、先ほど杉山社長から話が出ました、元請企業のシェアアップを効果的に行う「**180日間元請シェアアッププログラム**」について具体的な話をしたいと思っています。杉山社長にも無理をお願いして、この180日間の取り組みを包み隠さず公開していただけることになりました。元請企業から仕事を勝ち取るコツとは何か？アイロベックスさんの事例も踏まえて紹介したいと思います。また、この対談では紹介できませんでしたが、次のステップである直受ビジネスの戦略を扱った「**180日間直受ニッチトップ戦略プログラム**」、さらに付加価値の高いビジネスの戦略を扱った「**180日間付加価値戦略プログラム**」についても具体的な事例を踏まえながら紹介します。それから、ニッチトップのテーマも公開していきます。**狙い目の業種、旬なパッケージ、今後ウケそうな開発ツール**などなど、ニッチトップのネタをどんどん紹介します。

司会…今日は本当にいろいろとお話が聞けて参考になりました。最後にソフトハウス経営者の皆様に向けて、一言お願いできますでしょうか？

## 6

ソフトハウス売上10億円への道 180日の戦い 実録レポート

杉山…はい。私共もまだこれから成長途中の段階ですので、優秀な経営者の皆様を前に偉そうなことは言えませんけど、ソフトハウスとして生き残っていく上で少しでもヒントになればと思い、講演依頼を受けました。私と同じような悩みを持っていらっしゃる経営者様は多いのではないでしょうか？でも、**6ヶ月前のあの時に行動を起こしていなかったらと思うとゾーっとします**。まず、**情報を仕入れる・勉強するという行動から全てが始まる**ような気がします。勉強熱心な経営者の方と当日お会いできることを楽しみにしています。

斉藤…ソフトハウスを取り巻く環境は年々厳しくなっています。しかし、やり方によってはアイロベックスさんのように売上をさらに伸ばすことが可能です。**業績アップに本気な経営者の方ほど、勉強に真剣に考えていらっしゃる**かと思います。我々も本気で、そんな経営者様を全力でサポートしていきたいと思っています。**勝負はこの1～2年**ですから。

司会…本日はありがとうございました。

## 7

2005年・春　最新！

『ソフトハウス売上10億への道・180日の戦い実録レポート』を読まれた、

**業績拡大に本気な経営者のあなたへ**

まずは、お忙しい中レポートをお読み下さいまして、ありがとうございました。

（株）船井総合研究所ソフトハウス活性化チームでは、これまで本気で業績アップを目指す熱心な経営者の方にのみ業績アップノウハウを開発・提供し、業績アップに貢献してきました。しかし、現在**業界の状況が急変**してきています。もう**単なる熱心さで何とかなる時期は過ぎてしまいました**。

ところで、実は私が中小ソフトハウス業界のお手伝いをする中で、ずっと解決できずにいたことがあるのです。それは、

『**どうすればソフトハウスは今後も生き残ることができるのか？**』

という根本的なことです。しかし、この疑問に対する答えが最近やっと出ました。

『**元請企業からのシェアアップでツキをつけ、独自固有の領域で直受ビジネスを展開できた企業は、これからも勝ち残ることができる！**』

そこで、今回ソフトハウスセミナーの対象としたいのは、

- ★ 多少のリスクは負ってでも本気で業績アップを目指す覚悟のある方
- ★ いつまでも大手企業の下請けには甘んじないという意気込みのある方
- ★ ある特定の領域において独自固有一番化を目指す方

以上の方です。

いよいよ、**ソフトハウスの世界でも勝ち組と負け組の色分けが明確になるときが迫ってきている**のです。もうそんなに時間は残されていません。**我々も本気です**。ですから、このセミナーでは経営者にとって耳の痛い本質的な話もします。将来の幹部候補で担当者を参加させるのは絶対にしてください。担当者には聞かせたくないドロドロした話も出ると思います。

## 8

今回のセミナーでお伝えしたい内容のほんの一部をご紹介すると・・・

- ★ 現状を打破せよ！ 180日元請シェアアップ大作戦！
- ★ 独自固有領域選定のポイントはこれだ！
- ★ お客様のほうから売ってくれと頼みにくる！
  究極の反響営業手法「アトラクティブ・マーケティング」
- ★ 受注単価の下落知らず！付加価値創造の秘訣大公開！
- ★ 本気で10億を目指す！トップの役割と行動で会社が劇的に変わる！

全て、我々が日々お付き合いさせて頂いている**現場の事例**、また**そこから導いたルールばかり**です。**本に書いてある内容とはリアリティが違う**と思います。

また、やってしまえば意外にカンタンです。しかも効果はバツグンです。**次はあなたの番です**。是非半日だけ割いて、毎日のあのモヤモヤした悩みをスッキリさせて下さい。

お忙しい経営者のあなたにとって急な話だというのは承知しておりますが、**年に1度きり**のこの機会を逃すことはあまりおすすめできません。しかも、今回は**ゲスト講師**として株式会社アイロベックスの杉山社長をお迎えしてのセミナーです。ご用意できる席は**わずか40席のみ**です。

顧問先企業の利益を損なわないよう、**通常はこれらの情報が公になることはありません**が、年にたった1度だけ、このソフトハウスのトップのためのセミナーの場に限り、開示させて頂いております。

我々も、お金を払って頂けるからといって誰にでも聞いて欲しいわけではないのです。**全国4,000社のソフトハウスのうち、40社（1%）だけ**がこの情報を得られるということです。

今や我々は全てのソフトハウスのお役に立てるとは思っていません。しかし、志のある、売上10億円を目指すソフトハウスの経営者にとっては、救世主的な存在でありたいと思っています。少々生意気ですが、それが我々の覚悟と正直な想いです。

判断は社長、あなたにお任せします。

株式会社船井総合研究所
ソフトハウス活性化チーム　斉藤芳宜

追伸

この機会を逃すと、今後**この価格でこの内容をこのボリューム**でお話しすることはありません。いわゆる**1時間程度の講演でする話とは根本的に違います**。お席の確保がお約束できるのは、**あと10日程**です。このDMを机の上に置いた瞬間、**10日間はアッという間に過ぎてしまいます**。今すぐ手帳を開けてスケジュールを確保し、次ページ裏面のFAXをお送り下さい。

# 読みやすくて感情移入しやすい対談形式で

レポート型ＤＭの３つ目の特徴は、「**対談形式**」での**文章展開**です。対談形式とは、セミナーの主催者であるあなたが、第三者（インタビュアー）からインタビューを受けているという設定になります。

対談形式のメリットは次のとおりです。

・話し言葉なので読みやすい
・言いたいことではなく、読み手が聞きたいことにフォーカスできる（読み手が聞きたいことを、インタビュアーを通じて質問するため）
・専門家へのインタビューという設定なので、権威づけができる

また、対談形式には、セミナー主催者とインタビュアーの一対一の形式と、セミナー主催者、読者と同じ立場の同業成功者（ゲスト講師）、インタビュアーの三者で対談する形式があります。後者の場合は、同業の成功者の話を具体的に聞くことができるため、感情移入しやすく、未来のイメージをつかみやすいなどのメリットがあります。

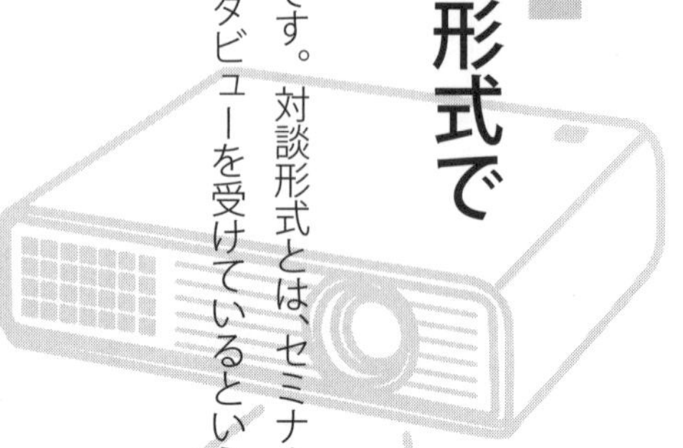

**言いたいことを書くのではなく、読み手が聞きたいことを書くのがＤＭの鉄則**ですが、対談形式とは言え、書いた文章が本当に読み手が聞きたい内容かどうかは、あとでしっかりチェックしてください。例えば次のようなことは、多くの場合、読み手が聞きたいことです。

・セミナー主催者の言っている話は信用できるのか？
・実績はあるのか？
・成果は出ているのか？
・費用対効果は？
・セミナー受講のメリットは？
・今、このセミナーを受講しなければならない理由は？
・セミナーに参加するという判断は本当に正しいのだろうか？

これらの読み手が聞きたいことを先まわりして予測し、あらかじめ回答を用意しておく必要があります。

セミナーに行かない理由をすべてつぶすことで、セミナーに行くしかない、行かないと損をする、そのような状態を作り出すことがポイントです。

# ゴミ箱直行を防ぐ表紙の作り方

レポート型ＤＭは透明な封筒に入れるため、表紙が重要となります。お客様の興味をそそるような表紙でなければ、すぐにゴミ箱行きになってしまいます。

それを避けるための表紙作りのポイントは、次のとおりです。

**（１）緊急性のあるキーワード**

まずは、このＤＭが緊急性のあるお知らせであることを伝える必要があります。「緊急」、「警告」、「○月○日締切り」、「あと○日」……など、人間はこの手の打ち出しに非常に反応しやすいものです。ＤＭの表紙には、このような緊急性のあるキーワードが入っているかどうか、チェックしましょう。

**（２）ターゲットの限定**

ターゲットを限定することで、実際にターゲットに当てはまる人がＤＭを手に取った時に

「このＤＭは私のためのものかもしれない」と思わせることができます。

ターゲットを限定する際には、２つ以上の特徴を入れてください。２つ以上の特徴が入らないと具体的な絞り込みにならないからです。例えば、

「売上２億～10億円の本気で業績アップしたいＩＴ企業の経営者様へ」

「下請けから脱却したい受託開発型のソフトウェア開発会社の経営者様へ」

これくらい具体的に絞り込む必要があります。ここまで絞り込んだら母数が少なくなってしまうのでは、と思われるかもしれませんが、そのくらいでちょうどいいのです。できるだけ絞り込みましょう。

## （３）見出しにインパクトを

見出しはすべての広告において最も重要です。見出しには何種類かのタイプがあり、ケースバイケースで使い分けしていく必要があります。具体的な見出しの作り方については、次項で説明します。

## （４）数字

人間は、具体的な数字に反応しやすい生き物です。「売上○億」、「従業員数○名」、「成功

率○％」、「○％で効果あり」、「○社で導入実績あり」などのように、数字を入れていくと効果的です。

**（5）プレゼント**

「これはセミナーの案内DMではなく、無料レポートのプレゼントですよ」という打ち出しが必要です。人間は誰しもプレゼントされるとうれしいものです。まずは先に与えるという発想からも、プレゼントという打ち出しはとても効果的と言えます。

**（6）無料の打ち出し（Ｆｒｅｅ）**

人が一番弱いのは、「無料」という言葉です。反応を取ろうとした時、これほど強力な打ち出しはありません。ぜひ、目立つ場所に大きく「無料／Ｆｒｅｅ」と記載しましょう。

## DM表紙のポイント

❶ 緊急性のある打ち出し
緊急対談 2005 特別号
料金後納郵便
2005年春 最新版！
冊子小包
年商2億～10億円企業の経営トップにお送りする
❷ ターゲットの限定
ソフトハウス
売上10億円への道
180日の戦い
❸ 見出しにインパクト
❹ 数字
実録レポート
❺ プレゼント
無料 Free 船井総研発
❻ 無料の打ち出し
株式会社 船井総合研究所 〒141-8527 東京都品川区西五反田6-12-1
TEL：03-5434-7622 / FAX：03-5434-1730 【送付先：〒555-8691 私書箱3号DMD】

# キャッチコピーの考え方

表紙を作成する上で特に大事なのは、一瞬で心に刺さるようなキャッチコピーです。キャッチコピーには、主に次のようなタイプがあります。

**（1）メリット訴求型**

読み手にメリットを訴求するタイプのキャッチコピーです。例として、次のようなコピーが考えられます。

「ホームページから受注する21の成功法則」

「売上2億円のIT企業を10億円にする方法」

**（2）興味喚起型**

読み手に、内容に対して興味を持ってもらうタイプのキャッチコピーです。例としては、次のようなコピーが考えられます。

「いつまでIT投資に無駄なお金を払い続けるつもりですか？」

「なぜ忙しいのに儲からないのか？」

**（3）ターゲット絞り込み型**

ターゲットを絞り込み、読み手に「これは自分のことではないか」と思わせるタイプのキャッチコピーです。例として、次のようなコピーが考えられます。

「ＩＴが苦手な50代以上の経営者様へ」

「売上2億～5億円の下請けから脱却したいソフトウェア開発会社の経営者様へ」

**（4）実現型**

何かを実現することを約束するタイプのキャッチコピーです。例として、次のようなコピーが考えられます。

「月々、小さなお金でコピーライティングの名人になれる」

「たった60日でモチベーションの高い組織が作れる」

**（5）保証型**

サービス内容を保証するタイプのキャッチコピーです。例としては次のようなコピーです。

「セミナーの内容に満足いただけなければ、代金はお返しします」

「効果が出るまで費用は発生いたしません」

よいキャッチコピーを生み出すコツは「量」です。とにかく量を考えないと、よいコピーは出てきません。20個出して1個よいものが生まれると思っていたほうがいいでしょう。

# 特典をつけよう

ＤＭの反応率を上げる手法のひとつとして、「特典」があります。これは、皆さんも経験があるかもしれませんが、子供のころ、お菓子についているオモチャがほしくて、お菓子を買ったことはありませんか？　まさに、それと同じです。

また、意思決定をする際には、誰でも迷います。本当に、このセミナーに参加する価値があるのだろうか？　元は取れるのだろうか？　そんな時にほしいと思う特典があると、セミナー参加を迷っている人の背中を押してあげる効果があります。

その他にＤＭの反応率を上げる手法として、値引きがありますが、これはあまりおすすめできません。値引きをすると粗利が減ってしまうし、値引きをしたところで価格に対する要求にはキリがないからです。それより、**特典をいっぱいつけてあげたほうが効果的**です。

特典の打ち出しのお手本は、深夜などによく放送されている通販番組です。「今なら、この商品にこの特典がついて○○円。さらにこれもついて、これもついて、なんと……」。ぜひ通販番組を見て、特典のつけ方を研究してみましょう。

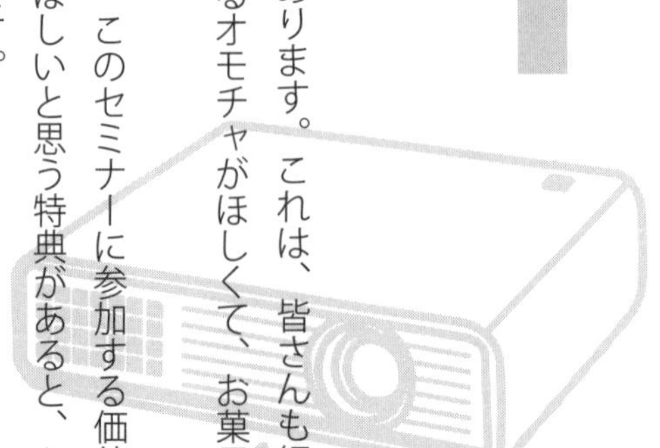

## 特典の例

中小下請けソフトハウスの選ばれた
トップだけにお送りするレポート
無料レポート
売上2億のソフトハウスが10億円になるために…
今の人員で、お金をかけずに
180日でエンドユーザーを獲得する方法
4ステップで下請けから脱却する
180日間エンドユーザー獲得プロジェクト㊙対談レポート
●下請けだと鬱社員が増える!?
●下請けソフトハウスの成長ストーリーとは?
●下請けでも一瞬にして商品を持つ方法?!
●寝ててもエンドユーザーからの問合せがバンバンくる秘策とは?
セミナー開催決定!
東京会場 2007年5月22日(火)
大阪会場 2007年6月12日(火)
福岡会場 2007年6月20日(水)
セミナー参加者に
特別無料プレゼント
特別対談
セミナー東京会場特別出演
木原 透光
樋山 証一 氏
五十棲 剛史
詳しくはレポートへ!
誰でも実践できる
エンドユーザー獲得マニュアル
※詳細はレポートをお読みください
船井総合研究所とはこんな会社です!
株式会社 船井総合研究所
TEL:0120-974-000
FAX:0120-974-111
http://www.funaisoken.co.jp/

特典

# 保証をつけよう

「保証」という考え方はとても重要です。なぜなら、セミナーを受けるにあたり、**リスクを背負っているのはお客様だけ**だからです。どのようなリスクかと言うと、

・セミナーの内容が、セミナー料金を払うだけの価値があるかどうかわからない
・セミナーを受けて元が取れるかどうかわからない
・セミナーの内容が自分のためになるかどうかわからない

お客様はとても不安であり、リスクを負っているのです。そこで、お客様が抱えるリスクを肩代わりするのが**「保証制度」**です。具体的には、セミナーを受講して満足してもらえなかった場合は、セミナー料金をお返しするという「満足保証」、「返金保証」があります。さらに進んだ保証としては、「迷惑料の支払い保証」まであります。これは、セミナーに来て満足していただけなかった場合、迷惑料として3000円お支払いしますというものです。

どうすれば、お客様のリスクを最小限にできるか、しっかり考えてみましょう。お客様のリスクを小さくすればするほど、集客できるようになります。

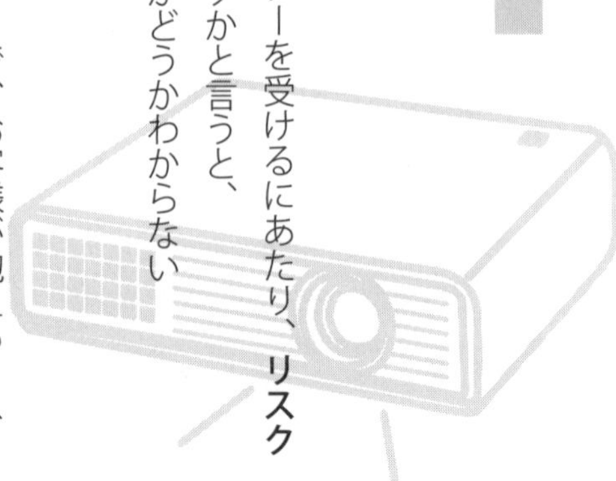

# 保証の例

☑ 年間販売台数が、ここ１～２年頭打ちだ
☑ 台当り粗利も下がり続けており、２０万円はなかなか難しい
☑ 車検や軽板金にも力を入れたが、十分な収益には至っていない
☑ …

大手中古車チェーンに加盟していても、軒並み前年対比でダウンしていると伺っています。そう、もはやチェーンに加盟しているだけでは業績は伸ばせない時代になっているのでしょう。

そこで今回、**ＲＥＶパートナーズ新春特別セミナーを、『あなたのお店で軽をたった９０日で、３倍売る方法』と題しまして開催**いたします。そしてなんとゲスト講師に、先述の**成功企業様の"業績アップ仕掛人"、船井総研（東証一部上場）オートビジネスチームのコンサルタント**の方々をお招きしました。

全国の地域一番企業など約５０社を支援先に抱え、この厳しいといわれる時代に、９０％以上の企業が業績を伸ばし続けているという、その即時業績アップ事例と最新ノウハウをお話いただきます。

今回お伝えしていただく内容は、

- 初めて取り組む、**失敗しない軽未使用車の９０日本格参入法**とは？
- **３０日で反応を上げ、９０日で３倍**にする**圧倒的集客チラシ作成法**とは？
- スーパー営業マンでなくても、**１ヶ月１５台以上売れる、カンタンツールと魔法のトーク！**
- 在庫**月１回転**を実現する、品揃えモデルとは？
- 軽自動車で**台当り１７万円以上を実現する粗利アップ法**とは？

そう、すべてが「社長様の会社の粗利が９０日で大幅にアップする話」なのです。

気になるセミナーへの投資額ですが、この充実した内容で、たっぷり２時間強のセミナーで、わずか**１０，０００円（消費税込み）**。ちなみに通常の船井総研様のセミナーであれば年１回の東京のみの開催で３万円以上、しかも毎年満席だそうです。

さらに、新車・中古車チェーンにご加盟の経営者様に朗報です。各会場とも、開催日の１週間前までに経営者様自身がお申し込みの場合に限り、**５，０００円（消費税込み）**でご案内させていただきます。但し、席数は先着３０名様限定です。

返金保証

万が一つまらないセミナーだったとお感じの場合、セミナー費用は、当日会場にて**全額返金**させていただきます。つまり**社長様にはまったくリスクはありません。**

恐らく、こんなにお近くでのお得な勉強会は今回が初めてであり、来年以降実施するかどうかも、まだ未定です。ぜひこの機会に**社長様ご自身がご参加ください。**

追伸　なんとこのご案内を作成している昨日も、船井総研様から連絡が入り、すげにこのノウハウを実践している企業様が、
**「この元旦からの初売りでも、一日販売台数９５台（この企業様の前年比190％）などの新記録をゾクゾク生み出していますよ」**とのこと。
社長様、あなたもぜひ、その仲間入りを果たしてください。

【次頁へつづく】

# 手紙を書こう

無料レポートの部分では、基本的に売り込み色は出しません。では、どこでセールスを展開するかというと、この「手紙」の部分です。もちろん、あまり売り込み色は出したくないため、いきなりパンフレットやサービスのメニュー表を同封するようなことはしません。

ここでは、私信風のお手紙でセールスを展開していきます。では、例を紹介しながらポイントを解説していきます。

**ポイント①　まずはねぎらう**

「最後まで、熱心にレポートを読んでくださいましてありがとうございます」

というように、まずはレポートを読んでいただいたことをねぎらうことから入ります。

**ポイント②　緊急性を出す**

○○様へ【緊急のお知らせ】です。このような緊急性のある言葉を強調して入れます。

**ポイント③　共感できるキーワードを盛り込む**

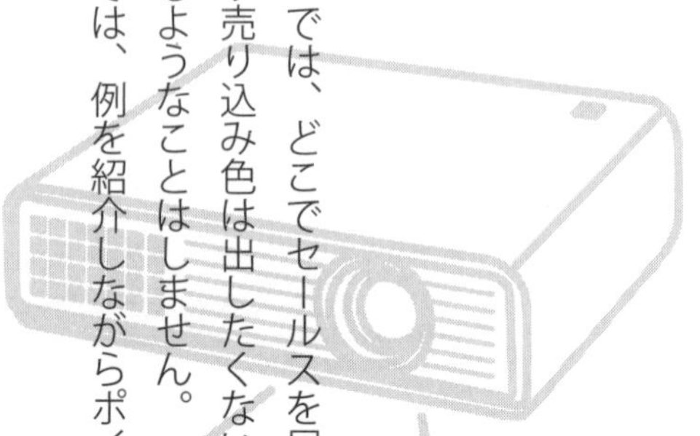

手紙の冒頭では、「そうそう、ウチもそうなんだよね」と思わせるようなキーワードを盛り込みます。ここで、読み手の心をグッとつかめるかどうかがポイントとなります。

**ポイント④　お客様を選ぶ姿勢を示す**

すべてのお客様に来てもらおうと考えてはいけません。「私たちはお客様を選びます」というスタンスが重要です。そうすることで、本当に来てほしいお客様だけが来るようになります。

**ポイント⑤　経営者に来てもらう仕組みを入れる**

セミナー後の成約率を上げるためには、決裁権を持つ経営者に来てもらうのが一番です。そこで、経営者に来てもらうための仕組みを用意します。例えば、手紙に次のような文書を入れるといいでしょう。

「今回は経営者にとって耳の痛い本質的な話もします。普通の研修気分で担当者をよこすのは勘弁してください。担当者には聞かせたくないドロドロした話も出ると思います」

また、経営者が来る場合には料金を安く設定する「経営者限定割引」も有効です。

**ポイント⑥　魅力的なセミナー内容をチラ見せする**

「このセミナーの内容をほんの一部ご紹介すると」という具合に、セミナーの内容を魅力的に見せます。この内容は、すべてがキャッチコピーと考えていいでしょう。具体的な数字を出して、メリットがわかるものにしましょう。

**ポイント⑦　限定感を出す**

「ご用意できる席数には限りがございます」、「これだけの内容、ボリュームのセミナーとしては、おそらくこれが最初で最後でしょう」などといったように、限定感を打ち出して希少価値を高めます。申込期限も設定しておくといいでしょう。

**ポイント⑧　サインは手書きで**

最後のサインは手書きにします。ここは手を抜いてはいけません。筆で書いた文字をスキャンして画像で貼りつけるだけで終わりです。それこそ10分で終わります。これだけで反応率が変わってきます。私信風の演出をするために、サインは必ず手書きにしましょう。

**ポイント⑨　追伸を入れる**

追伸は手紙でヘッドコピーの次に読まれる部分です。ここを有効に使わない手はありません。追伸では、もう一度商品のポイントを述べたり特典の念押しをしたり、申込期限を知らせるなどに使います。

**ポイント⑩　アクションを取らせる**

最後は、次に取ってもらいたいアクションを具体的に明記します。そこまで書かなくてもわかるだろうと思うくらい、とにかく具体的に書きましょう。

## 手紙文のポイント

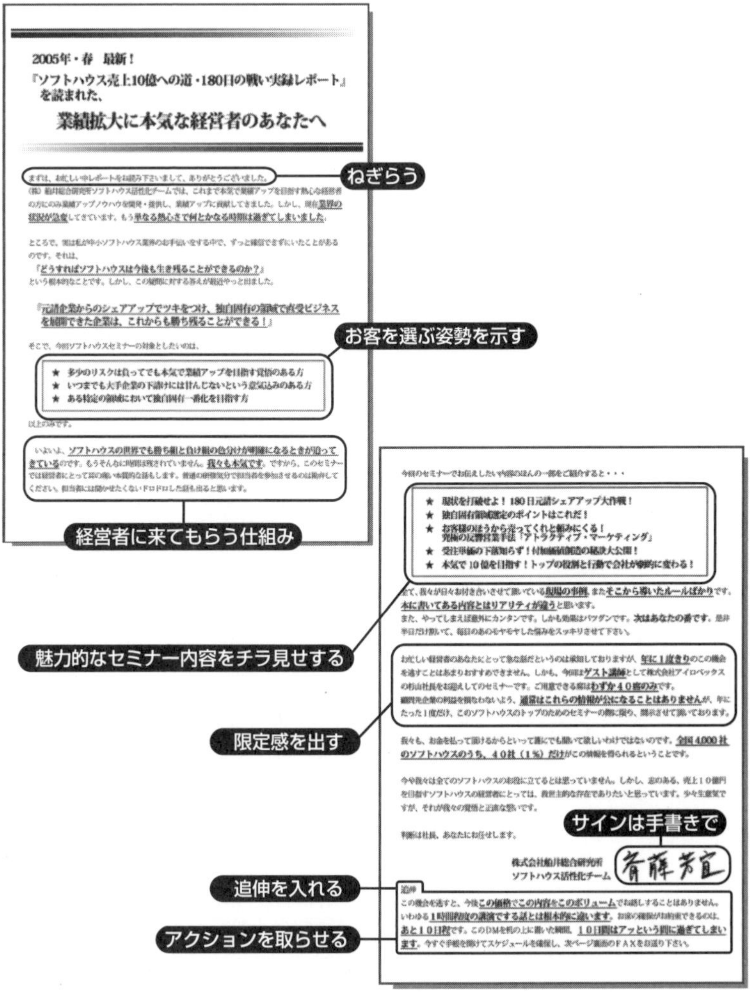

2005年・春　最新！
『ソフトハウス売上10億への道・180日の戦い実録レポート』
を読まれた、

**業績拡大に本気な経営者のあなたへ**

まずは、お忙しい中レポートをお読み下さいまして、ありがとうございました。

**ねぎらう**

（株）船井総合研究所ソフトハウス活性化チームでは、これまで本気で業績アップを目指す熱心な経営者の方にのみ業績アップノウハウを開発・提供し、業績アップに貢献してきました。しかし、現在業界の状況が急変してきています。もう単なる熱心さで何とかなる時期は過ぎてしまいました。

ところで、実は私が中小ソフトハウス業界のお手伝いをする中で、ずっと確信できずにいたことがあるのです。それは、
『どうすればソフトハウスは今後も生き残ることができるのか？』
という根本的なことです。しかし、この疑問に対する答えが最近やっと出ました。

『元請企業からのシェアアップでツキをつけ、独自固有の領域で直受ビジネスを展開できた企業は、これからも勝ち残ることができる！』

そこで、今回ソフトハウスセミナーの対象としたいのは、

**お客を選ぶ姿勢を示す**

- ★　多少のリスクは負ってでも本気で業績アップを目指す覚悟のある方
- ★　いつまでも大手企業の下請けには甘んじないという意気込みのある方
- ★　ある特定の領域において独自固有一番化を目指す方

以上のみです。

いよいよ、ソフトハウスの世界でも勝ち組と負け組の色分けが明確になるときが迫ってきているのです。もうそんなに時間は残されていません。我々も本気です。ですから、このセミナーでは経営者にとって耳の痛い本質的な話もします。普通の研修気分で担当者を参加させるのは勘弁してください。担当者には聞かせたくないドロドロした話も出ると思います。

**経営者に来てもらう仕組み**

今回のセミナーでお伝えしたい内容のほんの一部をご紹介すると・・・

- ★　現状を打破せよ！ 180日元請シェアアップ大作戦！
- ★　独自固有領域選定のポイントはこれだ！
- ★　お客様のほうから売ってくれと頼みにくる！
  究極の反響営業手法「アトラクティブ・マーケティング」
- ★　受注単価の下落知らず！付加価値創造の秘訣大公開！
- ★　本気で10億を目指す！トップの役割と行動で会社が劇的に変わる！

**魅力的なセミナー内容をチラ見せする**

全て、我々が日々お付き合いさせて頂いている現場の事例、またそこから導いたルールばかりです。本に書いてある内容とはリアリティが違うと思います。
また、やってしまえば意外にカンタンです。しかも効果はバツグンです。次はあなたの番です。是非半日だけ割いて、毎日のあのモヤモヤした悩みをスッキリさせて下さい。

お忙しい経営者のあなたにとって急な話だというのは承知しておりますが、年に1度きりのこの機会を逃すことはあまりおすすめできません。しかも、今回はゲスト講師として株式会社アイロベックスの杉山社長をお迎えしてのセミナーです。ご用意できる席はわずか40席のみです。
顧問先企業の利益を損なわないよう、通常はこれらの情報が公になることはありませんが、年にたった1度だけ、このソフトハウスのトップのためのセミナーの際に限り、開示させて頂いております。

**限定感を出す**

我々も、お金を払って頂けるからといって誰にでも聞いて欲しいわけではないのです。全国4,000社のソフトハウスのうち、40社（1％）だけがこの情報を得られるということです。

今や我々は全てのソフトハウスのお役に立てるとは思っていません。しかし、志のある、売上10億円を目指すソフトハウスの経営者にとっては、救世主的な存在でありたいと思っています。少々生意気ですが、それが我々の覚悟と正直な想いです。

判断は社長、あなたにお任せします。

株式会社船井総合研究所
ソフトハウス活性化チーム　斉藤芳宜

**サインは手書きで**

追伸
この機会を逃すと、今後この価格でこの内容をこのボリュームでお話しすることはありません。いわゆる1時間程度の講演でする話とは根本的に違います。お席の確保がお約束できるのは、あと10日程です。このDMを机の上に置いた瞬間、10日間はアッという間に過ぎてしまいます。今すぐ手帳を開けてスケジュールを確保し、次ページ裏面のFAXをお送り下さい。

**追伸を入れる**

**アクションを取らせる**

# お客様の声をつけよう

あなたがどれだけすばらしいセミナーの中身を用意していても、あなた自身の言葉で語ってしまうとウソ臭くなってしまいます。そこで重要なのが、**「お客様の声」**です。

初回のセミナーでは難しいかもしれませんが、一度でもセミナーを開催したことがあれば、お客様の声は収集可能です。可能なかぎりお客様の声は使っていきましょう。

ただし、お客様の声を使用する場合には注意が必要です。なにより**「質よりも量」が大事**です。お客様の声がひとつしかないと、逆にヤラセだと思われる場合があります。あまり内容にこだわらず、どんどん載せていきましょう。また、お客様の声で、イニシャルを使用するケースがあります。イニシャルを使うくらいであれば仮名として掲載し、「プライバシー保護のため、仮名とさせていただいております」のほうがいいでしょう。

お客様の声の取り方ですが、これはアンケートに記入してもらった感想を、そのまま加工せずに載せるのがいいでしょう。できれば、記入してもらった直筆のものをスキャンしてそのまま掲載すれば、うさん臭さがなくなります。

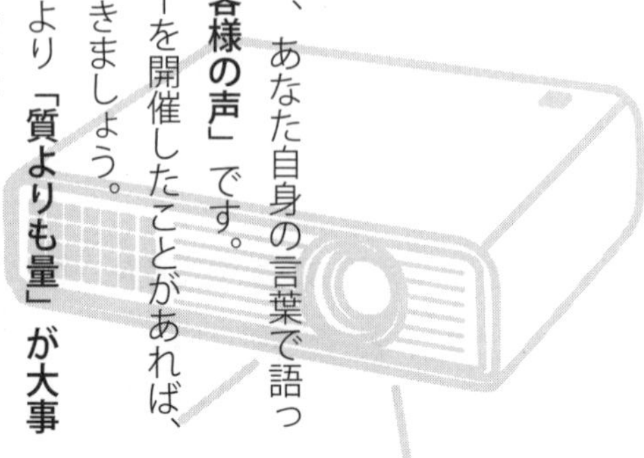

# お客様の声の掲載例

## 過去のセミナーに参加いただいたお客様の声

3．今回のセミナーについてのご意見やご感想をご自由にお書き下さい。

経営者として自らが変わる事の大切さをあらためて実感しました。
変わる勇気を持とうと思います。
[illegible]

3．今回のセミナーについてのご意見やご感想をご自由にお書き下さい。

[illegible]

3．今回のセミナーについてのご意見やご感想をご自由にお書き下さい。

[illegible]

3．今回のセミナーについてのご意見やご感想をご自由にお書き下さい。

・[illegible]セミナーでしたが、とてもおもしろかったです。
・[illegible]
[illegible]

3．今回のセミナーについてのご意見やご感想をご自由にお書き下さい。

概念的なセミナーではなく、実践に則したセミナーでよかったと思う

3．今回のセミナーについてのご意見やご感想をご自由にお書き下さい。

[illegible]

13　（次ページをお読みください→）

Copyright© Funai Consulting Co.,ltd. All rights reserved.

# DM発送直前にするべきこと

ここまで来たら、DMはほぼ完成です。でも、これで終わりではありません。あと少し重要なことが残っています。次のような作業を経て、ようやく完成と言えます。

**（1）音読してみる**

DMがいったん完成したら、ぜひ声に出して音読してみてください。その時、詰まってしまったり、言いにくい部分があれば、そこは修正すべき箇所です。

また、専門外の人に読んでもらって、内容が理解できるかチェックする必要があります。自分では当たり前だと思っていることや、業界の人にしかわからない専門用語を多用していないか、第三者の目からチェックしてもらいましょう。自分ではなかなか気づかないからです。

**（2）時間をおいて、もう一度読んでみる**

第三者からのチェックが終わったら、この作業に移ります。DMを書いている時はテンショ

ンが高まっている場合があるため、ちょっと冷静な目で、もう一度チェックする必要があります。できれば1日くらいおいて、もう一度音読してみましょう。

テンションが高すぎる部分はないか、読み手の共感が得られない部分はないか、大げさすぎる表現で読み手が引かないか、そのあたりを冷静な視点でチェックしてみましょう。

## (3) 印刷会社から完成版のDMをもらってチェックする

DMが完成して、印刷会社にお願いしたらこれでもう終わり、と思いがちですが、ここでも細心の注意を払ってチェックする必要があります。

印刷会社はプロとは言え、ミスはあります。表紙の感じ、色合い、紙の質、誤字脱字などをチェックし、お願いした時のイメージどおりに出来上がっているかどうか、最終チェックをしてください。

ページが間違って入っていたり、FAX番号が違っていることが、現実にあり得ます。ここは面倒くさがらず、最後のひと仕事だと思ってがんばりましょう。

さあ、これでようやく完成です！

# DM発送後にするべきこと

DMを発送し終わると、少しホッとしますが、今度はセミナー開催までにやることがあります。ここからは地味な作業ではありますが、セミナーへの集客力を高めるためには必要なことばかりです。

セミナーへの参加率を上げるためには、基本的には**お客様との接触頻度を高めることが必要です**。そのポイントを順番に見ていきましょう。

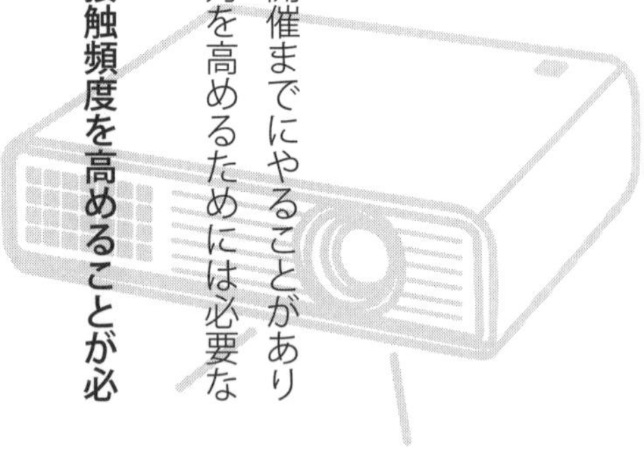

### (1) DM到着確認TEL

DM発送の1週間後に、DM到着の確認電話を実施します。ただし、すべてのDM送付先に対して実施するわけではありません。DM発送先の中でも、特に見込度の高いお客様に絞って、DM到着確認TELを実施します。

見込度の高いお客様というのは、過去のセミナーに参加したお客様や最近名刺交換をした方、今回のセミナーに興味を持ちそうな方たちです。

もちろん、すべての発送先に電話をかけることも可能ですが、それでは効率が悪く、費用対効果がよくありません。ＤＭ発送件数の10％程度を目標として、電話をかけるのがいいでしょう。

**(2) 申込受付**

セミナーの申込があったら、申込の受付をし、すぐにお礼の電話をします。ここでの対応がいいと「対応のよい会社だ。これはセミナーも期待できそうだ」という評価が得られます。セミナーのみならず、細かい対応を見て、評価を受けていると考えておいたほうがいいでしょう。

**(3) 受講票発送**

ある程度参加申込が増えてきた段階で、まとめて受講票をお送りします。受講票とは、受講するセミナータイトル、参加者の氏名、日時、場所などが記載されたものです。受講票の発送後には、受講票が届いているかどうかの確認ＴＥＬを実施します。受講票が届くことで、確実にセミナーに申し込んでいるという安心感を与えることができます。

## （4）セミナー1週間前TEL

セミナーの1週間前になったら、セミナー参加確認の電話をします。セミナー1週間前にもなってくると、スケジュールがどんどん埋まってきて、セミナーとバッティングするものも出てくるでしょう。そんな時に1本、電話があるかないかで出席率が変わってきます。

有料で先払いのセミナーであればキャンセル率は低いのですが、無料やキャンセル可能なセミナーの場合は、特に気をつける必要があります。

いずれにしても、お客様との接触頻度を高めることで、セミナーの存在感を高めておく必要があります。

## （5）セミナー3日前TEL

これが最後の連絡です。これだけ接触していれば、もうここではお友達のような感覚です。

「では、○日にお待ちしております」、その一言だけで十分です。

あとは、天に祈るのみです。

「セミナー当日晴れますように！」

## 受講票の例

**中小ソフトハウス経営者様のための**
**即時業績アップ手法大公開セミナー2007**
**【受講票】**

前略　この度はご参加のお申し込みをいただきまして誠にありがとうございます。
当日はこの用紙が受講票となりますので、受付までお持ち下さいますようお願い致します。
当日のご参加を心よりお待ち申し上げております。

草々

御参加者　«社名»
«役職»　«名前»　様

開　催　要　項

1. 日　　時：2007年4月27日(金) 13:00～（受付12:30～）

2. 会　　場：㈱船井総合研究所　東京本社（東京都品川区五反田）
※詳細は別紙地図をご参照下さい
※予定しておりました「新宿NSビル」より変更となっております。

3. 参　加　料：《人数1》名様　《金額》円(消費税含む)

4. 振　込　先：UFJ銀行　三田支店　普通No. 1038991 (株)船井総合研究所
・4月20日(金)までにお振込み下さいますようお願い申し上げます。
ご入金の確認ができない場合、キャンセル扱いとなることがございます。
・お振込み手数料は、貴社にてご負担下さいませ。
・キャンセルは4月25日(月)の17時前迄に下記担当者までご連絡下さい。
以降のキャンセルは、参加料の50%をキャンセル料として申し受けます。

5. お問合わせ：(株)船井総合研究所　第五経営支援部
担当／ニシムラ
TEL:03－6212－2933
FAX:03－6212－2947

（点線枠）の部分は Word の「差し込み機能」を活用すると個別に印刷できます

# もし、集客がうまくいかなかったら

ＤＭ発送後、約1週間で集客数の傾向はだいたいつかめてきます。予定よりも集客できていない場合は、あらかじめ用意しておいたシナリオを発動しましょう。

それでも状況が悪そうな場合は、次のような策があります（そもそも、シナリオに組み込んでおくべきでしょうが）。

**（1）ＴＥＬアプローチ**

ＤＭ到着確認ＴＥＬを行ったお客様のところに、再度電話でアプローチします。その場合は、セミナーの見所やメリットを端的に伝えるようにしてください。潜在的なニーズを顕在化させる必要があるからです。

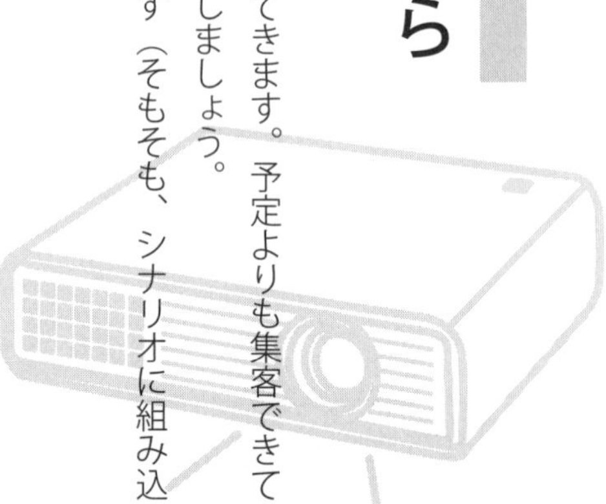

**（2）無料でできることをもう1回やる**

シナリオで用意しているとは思いますが、無料でできることをもう1回実施します。メル

## 紹介お願いメール

●●さま（個人名）

船井総研の斉藤です。
お世話になっております。

11/28（水）に私主催のソフトハウス向け業績アップセミナーを開催します。
ご都合がよろしければ、ぜひご参加ください。

また、ぜひお知り合いのソフトハウスの社長様にも、告知していただけないでしょうか？

お手数ですが、よろしくお願いいたします。

（以下、転送お願いします）

11/28（水）に東京でソフトハウス向けの業績アップセミナーが開催されます。
講師の斉藤さんは、なかなか面白い人物です。
一度、参加してみてはいかがですか？

---

2008年は業績アップの年にしたいですか？
それとも、現状維持の年にしたいですか？

気が付けば11月に入り、2007年も残すところあとわずかです。

今年の業績はいかがでしたか？

船井総研の斉藤です。

私はこれまで3年間、ソフトハウス一筋で業績アップコンサルティングを行ってきました。そして、先の見えない暗闇の中で苦しんでいる数々の経営者とお会いしてきました。

（略）

---

ポイント
- ●宛先は個人名でメールを出す（BCCで出さない）
- ●相手の手間を減らす（メールを転送すればよいだけにする）
- ●お願いする相手はかなり親しい仲であること

マガでの告知、紹介者への協力のお願い、知人への声がけなど、あきらめずにやることが大事です。例えば、紹介お願いメール（前ページ参照）も無料できることのひとつです。

### （3）「追いDM」を打つ

これは多少のコストがかかってしまいますが、はがきサイズのDMを追加で打ちます。はがきには、「あと○日」「あと○席」というような限定感、緊急性のある打ち出しを行います。セミナーDMの手紙部分を凝縮させた内容にします。

4章

# 満足を最大化する運営法とは

# 会場設営は舞台演出

セミナーは舞台と同じです。セミナーを企画する脚本家がいて、舞台に立ってスポットライトを浴びる講師がいます。スタッフはセミナーの舞台裏でさまざまな演出を行います。

舞台を演出する上で、最も重要なのが会場設営です。セミナーに参加して、会場のみすぼらしさにガッカリしたことはありませんか？　会場はセミナーの「格」を決めます。例えば、参加費が3万円以上の有料セミナーで、安っぽい会場を使っていたのでは格好がつきません。

また、舞台演出としての会場設営では他にも気をつけなければならないことがあります。

まずは講師が立つ演台です。高さ30センチ、横2メートル、奥行き1メートルくらいのものです。会場を選ぶ際には、この演台があるかないかをしっかり確認してください。

なぜ演台が必要かと言うと、講師の格を一段上げることができるからです。ただし、決して上から物を言うためのものではありません。あくまでも講師に権威づけするためのものです。そのあたりは勘違いしないようにしましょう。実際に、**演台がある場合とない場合では、成約率が15％程度変わったというデータがあります。**たかが演台、されど演台なのです。

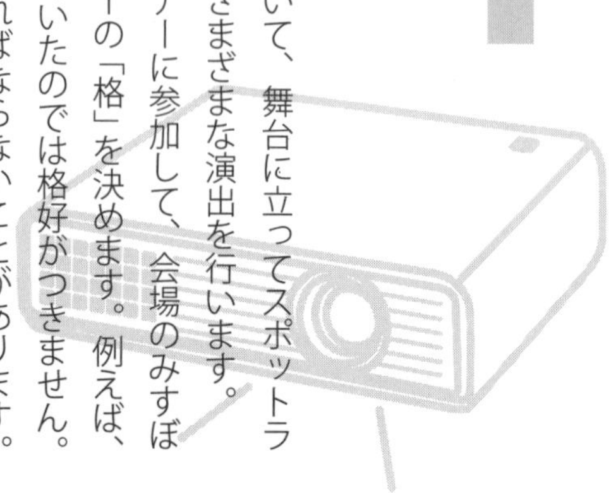

2つめは座席配置です。基本的な考え方としては、「横きっちり、縦ゆったり」です。隣の人と会話ができるセミナーと会話できないセミナーとでは、参加者の満足度が変わってきます。

実際に成功するセミナーでは、途中に隣の人と会話をする機会を作るため、隣の人との距離はなるべく詰めるように設定します。50センチくらいが妥当でしょう。ただし、この場合、絶対に3人掛けにはしないでください。3人掛けにすると、なかなか真ん中の席が埋まりません。しかも出にくいため、参加者からはいやがられます。

逆に、縦のスペースはある程度余裕を持たせます。目安としては、1メートルくらいは空けたほうがいいでしょう。縦の距離を詰めてしまうと、椅子の出し入れで後ろの机に当たってしまったり、前の人の動きが気になって講演に集中できなくなることがありますから、気をつけましょう。**座席配置の基本は「横きっちり、縦ゆったり」**です。

3つめは、音楽（BGM）です。BGMも1種類だけでは足りません。シーンに応じて、最低でも次の3種類は用意する必要があります。

①セミナー開始前
②セミナー中
③セミナー終了後

セミナー開始前は、アップテンポの曲がいいでしょう。セミナーへの期待感を醸成します。あくまでもBGMなので、歌の入っていない曲だけのものがいいでしょう。セミナー中の音楽は、考える時間や気づきをシェアする時間に流すものなので、音楽が気にならないくらい静かでゆったりとした曲が最適です。そして、セミナー終了後に流す音楽は、セミナーの余韻を残すようなスローテンポの曲がいいでしょう。

**適切なタイミングで適切な音楽が流れるとセミナー自体がしまります**。セミナーの質を上げるためには、このような細かなところにも気を使う必要があります。

4つめは香りです。セミナーに、なぜ香りが必要なのかと思われる方もいらっしゃるかもしれません。実は、これは意外と重要なのです。**香りは人間をリラックスさせたり、集中させたりするのにとても効果的**だからです。

そのためセミナーでは、アロマを焚(た)くことをおすすめします。今までのデータによると、アロマの中でも「カモミール」が一番効果があるようです。参加者の集中力が上がります。

以上、4つの舞台演出方法を紹介しましたが、会場設営はセミナーを成功させる上で、とても重要な要素です。ぜひ、講師の「格」、セミナーの「格」が上がる演出を実践してみてください。

## 会場の様子

# 権威づけとポジショニングですべてが決まる

セミナーを開催する際、お客様とのポジショニングを考えたことはありますか？
実は、ビジネスにおいてこのポジショニングというものが、きわめて重要になります。同じ内容のセミナーを行ったとしても、講師のポジションがお客様よりも下になってしまった場合、セミナーは成功しません。
ポジションが「上」とか「下」とは、どのようなことを意味するかおわかりですか？
**ポジションが上ということは、講師がお客様よりも情報を多く持っており、貴重な情報を提供してくれる存在だということ**です。
また、提供する情報だけでなく、講師の見た目も重要です。私たちが感じている以上に、人は目から入る情報で多くのことを判断します。弁護士がジャージを着て講演していたら、そんな人に仕事を頼みたいとは思いません。メラビアンの法則というものがありますが、人は見た目で約90％が決まると言われています。セミナー講師は見た目にも気を使う必要があります。

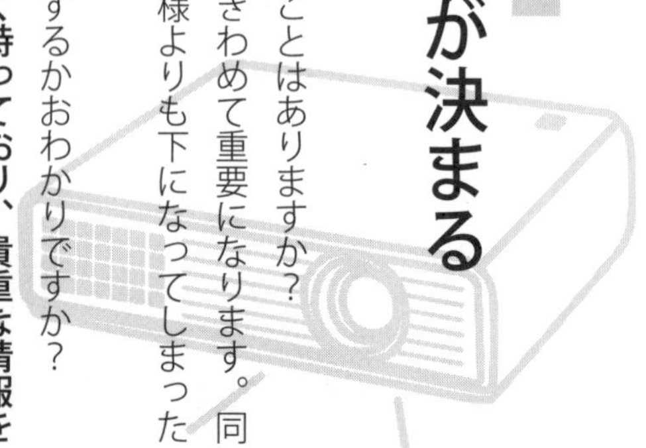

お客様に対して、講師のほうが下のポジションになってしまった場合、それは「ただの売り込み」にすぎません。しかし、講師のポジションが上になったとたんに、「ありがたい講演」に変わるのです。不思議なものですが、これは現実です。

では、どうすればお客様より上のポジションになれるのか？　それ自体はあまり難しくありません。次のようなことを守って行動すれば、講師のポジションは上になります。

・専門家にふさわしい〝偉そう〟なプロフィールを作る
・堂々とした態度で待機し、堂々と演壇に登る
・参加者よりも高い位置（演台）で講演する
・受付や雑用の手伝いをしない
・ペコペコ頭を下げない

これだけでも十分に効果があります。一度試してみてください。

お客様とのポジションが変わると、その後のビジネスの進めやすさが変わるのを感じることができると思います。

# 参加者の感情にスイッチを入れるオープニング

あなたのことを何も知らない人に、「この人は、この分野に詳しい専門家なんだ」と思わせるためには何が効果的だと思いますか？

プロフィールも重要ですが、それだけでは不十分です。この場合、映像で伝える方法がとても有効です。

映像には不思議な力があります。**感情を揺さぶる力**があります。言葉で伝えるよりも、一瞬にして何倍もの情報を伝えることができます。これだけ影響力のある映像を使わない手はありません。

セミナーでは、映像を「オープニングムービー」として活用します。オープニングムービーは、司会の講師プロフィールの紹介が終わったあと、講師が演台に上がる直前に流します。

オープニングムービーは、次のような内容で構成するといいでしょう。

・なぜ、このビジネスをやろうと思ったか（なぜこの商品・サービスを提供しようと思ったか）

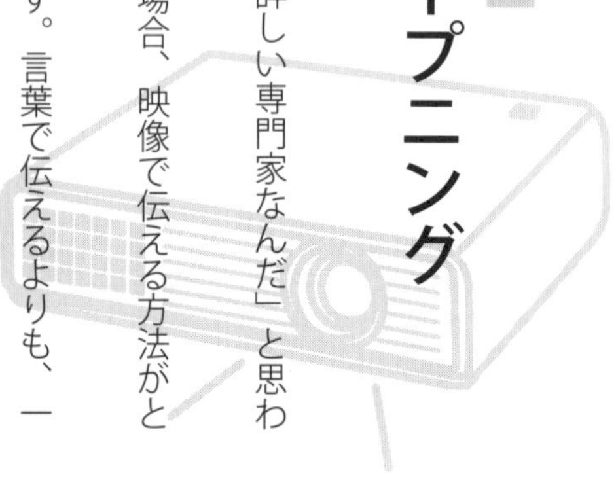

・自分たちのミッション
・「えっ？」と思わせるような非常識な提言（業界の常識とは正反対の提案）
・お客様の声
・一番伝えたいこと

時間は3分程度がいいでしょう。長すぎても短すぎてもいけません。**イメージとしては、映画の予告編、テレビ番組の次回予告編のようなもの**です。

オープニングムービーの中での売り込みは絶対にNGです。あくまでも、セミナー参加者が共感できるようなミッションを前面に打ち出す必要があります。

また、お客様の生の声は、講師の信頼性を高める強力な武器となります。可能なかぎり使いましょう。基本的に、新規のお客様（ここではセミナー参加者）というものは、売り手の言うことを信じていません。新規のお客様に信頼してもらうためには、すでにお客様になってもらっている人に「講師（会社）のよさ」について語ってもらうのが一番効果的です。

ここまで演出できれば、セミナー参加者の心のスイッチをONにすることができるでしょう。

## オープニングムービーの流れ①

- なぜ、このビジネスをやろうと思ったか
（なぜ、この商品・サービスを提供しようと思ったか）
- 自分たちのミッション
- えっ？ と思わせるような非常識な提言
（業界の常識とは正反対の提案）
- お客様の声
- 一番伝えたいこと

## オープニングムービーの流れ②

❶

自分たちのミッションを語る

❷

「競争に勝つ」のではなく、「競争のない分野を攻める」という発想を提案

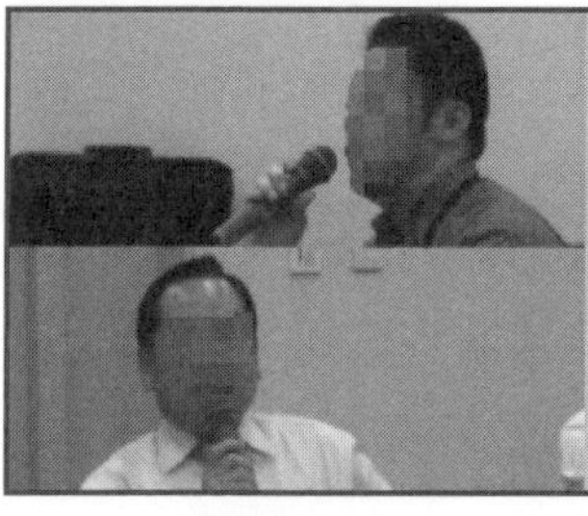

❸

お客様からサービスのよさについて語ってもらう

❹

最後に、一番伝えたいメッセージを伝える

# 司会はエンターテイナー

司会は、単にセミナーをスムーズに運営すればいいというわけではありません。司会は、エンターテイナーであるべきです。

司会者が担う役割は意外と大きいものです。例えば、**司会者の最初の一言で、セミナーの雰囲気が決まる**と言っても過言ではありません。

また、司会者による講師の紹介で、どれだけセミナーへの期待感を高めることができるか、これも大切な仕事です。

司会というと地味で動きのない仕事に思われますが、すばらしい司会というのは、身振り手振りもあり、お客様を巻き込むのがとても上手です。これこそ、司会がエンターテイナーたるゆえんです。

司会が一番重要かつ緊張する瞬間は、

「皆様、こんにちは！」

というつかみの挨拶の一瞬です。元気な返事が返ってくればいいのですが、なかなか返っ

てこないものです。最初はお客様も緊張しているし、自分だけ挨拶したら恥ずかしい……という思いもあるでしょう。

しかし、そんな時だからこそ声を出してもらうと、場の空気がガラッと変わります。もし返事が返ってこない時は、次のようにお願いすると効果的です。

「こんにちは、が返ってこないと、ちょっと寂しいですね（笑）。返してくれると司会もとてもやりやすいのですが……。もう一度お願いします」

このように、半ば自虐的にお願いします。そうすることで、参加者がふっと笑ってくれて、挨拶を返してくれると、その後、講師に対しても挨拶をしてくれます。

セミナーの開始時は、お客様が配布物やテキストを見ていたりするなどで一体感がありません。挨拶をきっかけにお客様との間でちょっとした一体感が生まれると、全員が手をとめ、顔を上げるようになります。

そうすると、その後も司会が前に立ち、話し始めると全員が手をとめ、顔を上げてくれるようになります。パブロフの犬のように、「○○したら△△する」という、**セミナー参加者をコントロールするハンドルを握ってしまうことがポイント**です。

また、司会は話すことが仕事です。話すということは「声」が重要となります。**人前で話す時は、「ソ」の音で話すといい**ようです。なぜなら、人の耳に一番心地よく入ってくる音階だからだそうです。

声のトーンが低かったり、暗かったりすると、威圧感を与えたり、単調で眠くなってしまうため、司会としてはあまり好ましくありません。

自分の声や話し方がどのように聞こえているのか、一度録音したり録画して、確認してみるといいかもしれません。

録音した自分の声を聞いてみると、自分が思っている以上に、声のトーンが低く感じられ、暗く伝わってしまうものです。普段の声の1・5倍の声を出すつもりでちょうどいいでしょう。

これは、笑顔も同様です。少し大げさなくらいの笑顔でちょうどいいのです。

ですから**司会は、普段の声、いつもの笑顔のそれぞれ1・5倍を意識して司会にのぞむと**いいでしょう。何と言っても、司会はエンターテイナーなのですから。

## セミナー参加者を巻き込む司会者

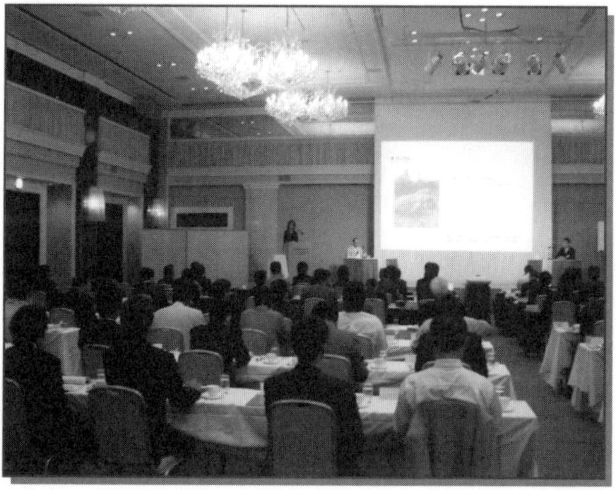

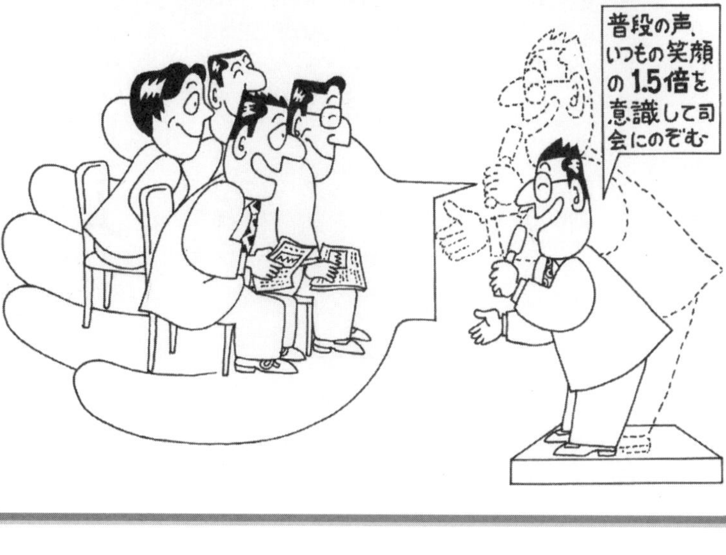
普段の声、
いつもの笑顔
の 1.5倍を
意識して司
会にのぞむ

# 張り詰めた緊張をほぐすアイスブレーク

セミナー開始直後というのは会場に緊張感が漂っているため、講師はもちろん、お客様のほうも緊張しています。

その緊張をほぐすために行うのが「アイスブレーク」です。アイスブレークとは、その名のとおり、凍ったアイスを砕く、カチカチに緊張した状態をほぐすという意味です。

アイスブレークにはいくつか方法がありますが、**簡単かつすぐに実践できる方法のひとつに、「名刺交換」があります。**これは、緊張をほぐすのに効果絶大です。

講師が演台に立ち、少し自己紹介したあとに、こう切り出します。

「こうして、皆様がセミナーに集まったのも、何かの縁です。人と人のつながりはとても大切です。このようなセミナーでの出会いから、ビジネスに発展するケースも実際にあります。ここで、3分間だけ時間を取りますので、名刺交換の時間とさせていただきます。では、どうぞ名刺交換をお願いします」

その他にも、次のようなパターンもあります。

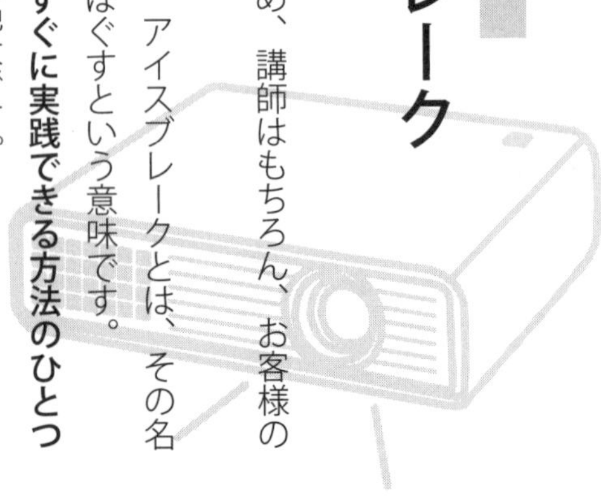

「講座に入る前に、皆様にやっていただきたいことがあります（会場は、「何だ？」という反応）。私もよく、参加者としてセミナーに参加するのですが、セミナーが終わると確かに学びや気づきはあるのですが、何か物足りなさを感じることがあります。よく考えてみると、他の誰ともコミュニケーションを取っていないからです。

一人で勉強して、一人で帰っていく。これでは物足りなく感じるはずです。そこで、今日は皆様に名刺交換をしていただきたいと思います。ここにお集まりの方は、全国から来た意欲的な経営トップの方ばかりです。これがきっかけで、ビジネスに発展するケースもあるはずです。前後左右の方と、どうぞ名刺交換をしてください」

このようなトークで名刺交換を促すと、自然とスムーズに名刺交換がはじまります。**名刺交換がはじまると、先ほどまでの緊張がウソのように、笑顔と会話が会場に満ち溢れます。**その雰囲気で、講師のほうもリラックスできます。また、参加者が名刺交換をしている間に、講師が今日話す内容のポイントを落ち着いて再確認できます。

そうなると、場の雰囲気に飲まれることなく、講師のペースでセミナーを進めることができるようになります。

アイスブレークがあるかないかでは、セミナーの進めやすさがまったく違ってきます。あなたは「お客様の心をとかす一言」をいくつ持っていますか？

## アイスブレークの事例

| | |
|---|---|
| 手法名 | Good&New（グッド・アンド・ニュー） |
| 概要 | 24 時間以内に起こった、自分にとって何かよい出来事、新しい出来事について 1 分間スピーチを行う |
| 展開トーク | 「これから皆さんと数時間、セミナーをご一緒させていただくわけですが、何時間も見ず知らずの方と隣で座っているというのは少々苦痛ですから、これから隣の人と自己紹介をしてください。ただの自己紹介ではつまらないので、Good&New というものをやっていきましょう。 Good&New とは、24 時間以内に起こった、自分にとって何かよい出来事、新しい出来事について 1 分間スピーチを行うものです。ぜひ、隣の方と Good&New してみてください。では、よろしくお願いします」 |

## 名刺交換の様子

# 主催者の挨拶ではミッションを打ち出す

セミナーでよくあるのが、セミナー主催者からの挨拶です。この主催者の挨拶が問題です。

主催者の挨拶で聞くに耐えないのが、中身のない美辞麗句を並べただけの挨拶です。しかも無駄に長く、お客様が飽き飽きしているのに、場の空気が読めず、長々と話してしまう人がいます。これは、絶対にやってはいけません。

**主催者の挨拶で伝えなければいけないのは、参加者が共感できる「ミッション」や「理念」**です。

なぜ、このセミナーを開催しようと思ったのか、どんな使命を持ってこのセミナーを開催しているのか、そのあたりを簡潔に語るのが一番です。うわべだけの無駄な言葉は必要ありません。

そもそも人が話を聞く場合、連続して集中できる時間は15秒と言われます。たったの15秒しかありません。ですから、**15秒でお客様をつかんで、長くても3分以内に終わらせる**のが適切でしょう。

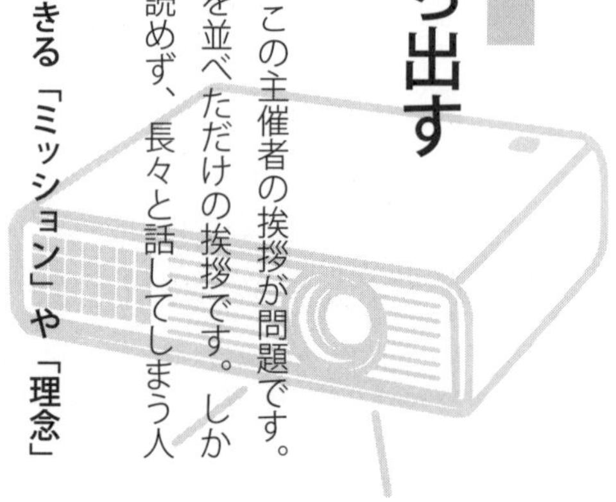

## ミッション打ち出し型挨拶のトーク例

本日は、弊社の●●●●セミナーにお越しいただきまして、ありがとうございます。

実は、今回このセミナーを開催しようと思ったのは、ある出来事がきっかけでした。

（セミナー開催のきっかけ、動機、問題意識をエピソードをまじえて説明）

そして、私たちに何かできることはないかと考えた結果、今回のセミナーを開催するに至ったわけです。

私たちのミッションは、「　　　　　　　　　　　　」です。今回のセミナーを通じて、少しでも皆様のお役に立てればこんなにうれしいことはありません。

本日はお忙しい中、お越しいただき、本当にありがとうございます。

# 売り込み厳禁！ 事例・事例・事例で

セミナーでよくあるのが、商品の機能ばかりを説明しているセミナーです。気持ちはわかります。商品に惚れ込めば惚れ込むほど、機能をアピールしたくなるからです。

しかし、このようなセミナーは、完全にプロダクトアウト型、つまりお客様の気持ちを無視した、主催者側の独りよがりな内容になってしまいます。これでは、お客様の心に響きませんから、セミナーが成功するはずがありません。

お客様は、商品の機能を知りたいわけではありません。**その商品を導入したら、どんないいことがあるのか、どれだけ便利になるのか、どれだけ儲かるのか、ベネフィット（具体的なメリット）を知りたい**のです。

機能の説明は決して悪いわけではありません。機能やスペックに関して、必要最低限の情報は提供する必要があります。しかし、絶対にやってはならないのが、機能だけの説明をすることです。機能を説明する場合は、必ずそれに対応するベネフィットを提示しなければなりません。

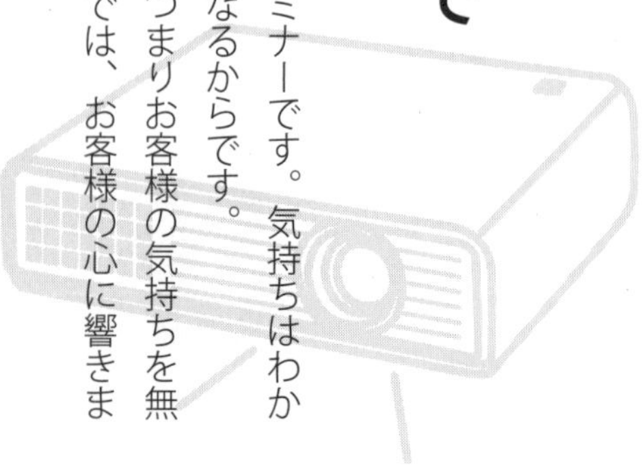

これについては、よい方法があります。

まず、単語帳のようなカードを用意します。このカードにセミナーで紹介した商品の機能をひとつずつ書いていきます。機能を書き終わったら、カードの裏に、その機能によってもたらされるベネフィットを書きます。ベネフィットは複数でも構いません。

大事なのは、すべての機能にベネフィットを用意することです。機能とベネフィットを書いてみて、ベネフィットが出てこないようだったら、そもそもその機能は何のためにあるのか、考え直す必要があるでしょう。

ここまでできれば、あとは事例を交えて、具体的なベネフィットを紹介すればいいのです。何も難しいことはありません。

さて、**セミナーで事例を発表する時のポイントは、「物語性を持たせる」こと**です。単なる成功事例の紹介だけでは興味を持って聞いてもらうことはできません。そのためには、お客様に感情移入してもらう必要があります。

どのような物語がいいかと言うと、まずはじめに問題が起こり、その困難を乗り越えて、這い上がっていくストーリーがいいでしょう。人間は誰しもこのような成長ストーリーに共感を覚え、憧れを感じます。

例えば、IT製品のセミナーの場合であれば、ストーリーを次のように組み立ててみましょう。

**問題発生　↓　解決するとまた問題　↓　何度も壁を乗り越えて　↓　成功**

事例も面白みがなければ、眠くなってしまいますからね。

そして、**事例紹介の際には、ぜひともお客様の実名と顔写真を出してください。**

よく事例を出す時、「飲食業　株式会社A社」などと紹介している場合がありますが、これでは信憑性に欠けて、逆にうさん臭く感じてしまうかもしれません。

ですから、事例紹介では、お客様の実名と写真が必要です。

お客様の楽しそうな笑顔は、何よりお客様から信頼されている証拠です。その写真ひとつで、お客様から信頼されているよい会社という印象を与えることができます。

商品の納入直後など、お客様の満足度の高い時に写真を撮っておくことをおすすめします。

## 機能×ベネフィット対応カード

自動見積機能

カードの表に機能を書いたら…

見積りが早く出せて
売上の機会を逃さない

裏にベネフィットを書いていく

# 休憩時間を有効活用せよ

休憩時間は、単にひと休みするための時間だと思っていませんか？　休憩時間は、使いようによっては、効果的な商品ＰＲの場に変えることができます。そこで、**活用するのが「映像」です。**映像には人の心を揺さぶる力があります。感動させる力があります。

どのような映像を流せばいいかというと、ＩＴ企業の場合であれば、システム構築から導入までをドキュメンタリータッチでまとめるのがいいでしょう。イメージ的には、「プロジェクトX」や「情熱大陸」のダイジェスト版といったところでしょうか。

時間は3分以内ぐらいにまとめたほうがいいでしょう。さらに、内容で欠かせないのは、お客様の笑顔です。事例紹介と同じく、導入したお客様の笑顔が、一番説得力があります。

この映像でセミナー参加者の興味を引くことができたら、実際に見て触って感じることができる**体験型のデモコーナーに誘導しましょう。**気持ちが盛り上がっているうちに、デモコーナーで映像と同じような体験をしてもらうのです。

休憩時間に体感型デモを実施することで、その後の受注率がガラッと変わってきます。

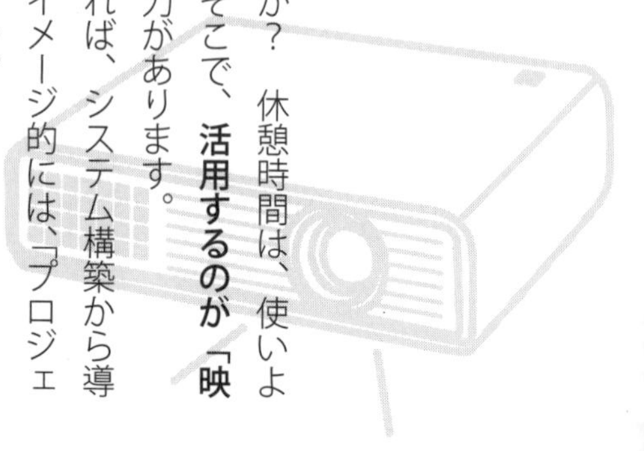

## 体感型デモコーナーの様子

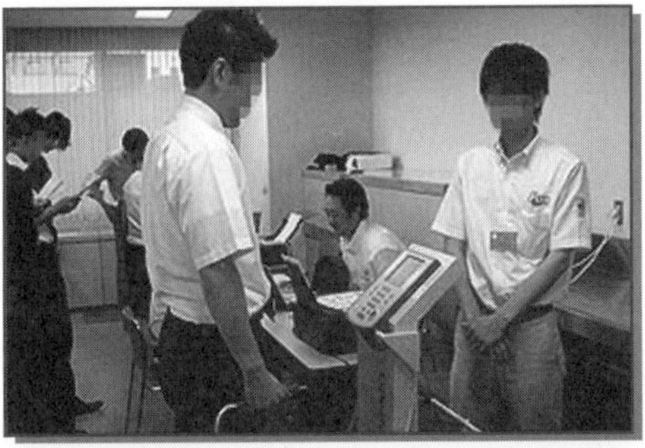

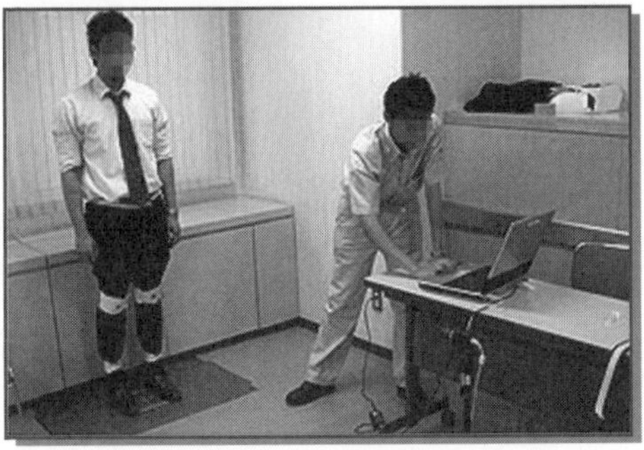

# 気づきを与える

私はこれまで、100回近くのセミナー運営に携わっていますが、セミナーの満足度を左右する大きなポイントは、セミナーで「気づき」を与えることができるかどうかです。

基本的にセミナーはインプットが中心で、なかなかアウトプットすることがありません。実は、これが大きな問題なのです。

セミナーでよく聞く声が、「セミナー自体の評価は高かったが、次の仕事にはつながらなかった」「セミナーを受けた時はモチベーションが上がって、やる気マンマンなんだけど、会社に戻るとその時の気持ちを忘れてしまい、実行に移せない」などです。

この問題を解消するために、セミナーで必ず取り入れるべきことがあります。それは、「**お客様が自ら考えて、アウトプットする時間を設ける**」ことです。

セミナー中、たとえいいアイデアが浮かんだとしても、講座はどんどん進みますから、なかなか立ちどまって考える時間がありません。あの時いいアイデアが浮かんだのに何だったか忘れちゃった、となってしまったのではもったいないかぎりです。

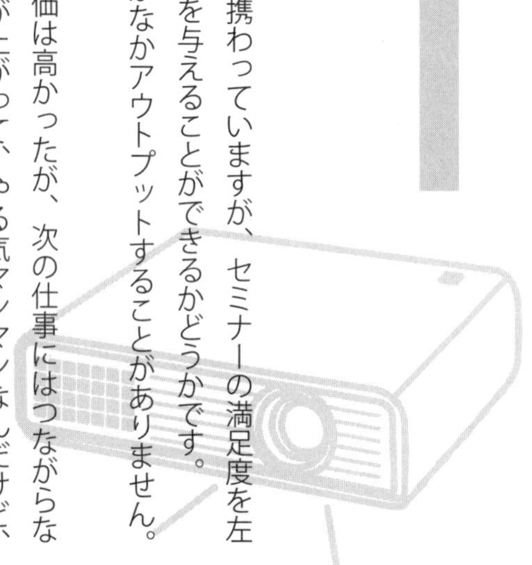

そのため、セミナー中には、お客様に考えてもらう時間を取りましょう。時間は2～5分で十分です。短い時間のほうがかえって集中できていいでしょう。とにかく、考えてアウトプットしてもらう時間を取ることが重要です。

この時、気をつけなければならないことがあります。それは、考えている間は音楽を流すことです。

実際にやってみるとわかりますが、お客様の皆さんが考えている間は、ほとんど物音がしません。つまり、シーンと静まり返ってしまうため、逆に落ち着かなくなるのです。そこで、考える時間にはあまり騒がしくない静かな音楽をかけると効果的です。

そして、さらに満足度を高めるために、**隣の席の人と考えたことをシェアする時間を作りましょう**。最初は、「えっ、見ず知らずの人に考えたことを話すのはちょっと……」という雰囲気になるかもしれませんが、少々強引にでもシェアさせてみてください。

自分では気づかない指摘やアドバイスがありますから、必ず満足度は上がります。隣の人とのシェアが終わったあとの晴れ晴れした顔を見れば、一目瞭然だと思います。

## 気づきを与えるためのシート例

**1.** あなたはこの講座で、どんな気づきが得られましたか？

**2.** 今後、どのようなアクションを取ろうと思いますか？

**3.** アクションを実行に移す際、障害となるものは何ですか？

**4.** どうすれば、その障害を乗り越えることができますか？

## 気づきをシェアしている様子

# エンディングムービーで感動させる

セミナーの最後を飾るのはエンディングムービーです。エンディングムービーとは、映画の最後に流れるエンドロールのようなもので、**このセミナーで言いたかったことを映像と文字情報で、最後にもう一度伝えます。**また同じようなメッセージを伝えると飽きられないか、などと考える必要はありません。大事なことは何度でも伝えればいいのです。

気をつけなければならないことは、ここでも売り込み色は出さないことです。あくまでも、お客様のお役に立てることが一番の目的ということをアピールします。そして最後は、エンドロールでセミナー参加者の名前がゆっくりと画面を流れていくようにします。ここでお客様の感情はピークに達します。

エンディングムービーを使う場合は、会場の格や音響設備をしっかり考慮してください。安っぽいセミナー会場や音響設備の悪い会場でエンディングムービーを流しても、雰囲気がマッチしないため、逆効果になる可能性があります。**エンディングムービーは高額なセミナーでこそ有効**と言えます。

## エンディングムービーで使うメッセージの例

業績は
ひとりではあげられない
本物の業績アップノウハウと
社員の理解
そして……
後押ししてくれる
経営者仲間
同じ想いを抱く
全国の成功経営者と
情報・知識を共有し
互いに高め合う
経営者の役割は
社員の笑顔を増やし
事業を永続させること
魅力溢れる経営者と共に
さあ動き出そう　売上１０億円のステージへ

船井総合研究所ソフトハウス経営研究会は
経営者のあなたの熱い想いを
現場支援の最先端から
徹底支援致します

ソフトハウス経営研究会であなたをお待ちしています

# アンケートを95%以上記入してもらう方法

セミナーではアンケートを取って、次のビジネスにつなげるのが一般的です。そこで、やはりアンケートはできるだけ数多く回収したいところです。

ここでは、アンケートの記入率と回収率を高めるための3つのコツをお伝えします。

アンケートというと、どうしても書かされるという印象があります。そこで思い切って、**名前をアンケートではなく、「振り返りシート」に変えてしまいます。**これはとても簡単な方法ですが、効果てきめんです。

アンケートは主催者側の都合で書かされている感じがしますが、振り返りシートなら、あくまでも今回のセミナーを振り返って、自社に活かしてもらうお客様のためのものという設定なので、抵抗なく記入してもらうことができます。振り返りシートの実例は165ページに紹介してありますので参照してください。

アンケートではなく、「振り返りシート」に名前を変える。これがひとつめのコツです。

2つめのコツは、振り返りシートにある「**会社名**」、「**氏名**」**の記入欄をセミナー開始直後**

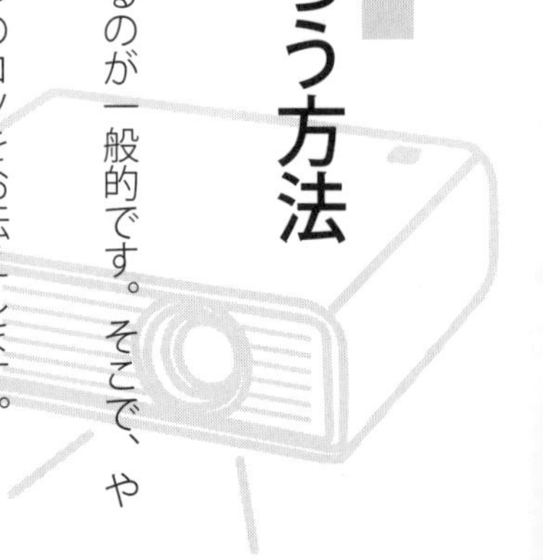

**に書かせてしまう**方法です。これは、司会がセミナーの配布物の確認をする際、一緒に書かせてしまうといいでしょう。社名と氏名を書いてしまうと、未記入では帰りにくくなります。少しずるい方法ですが、これも、記入率・回収率を高めるのに効果的です。

3つ目は、**振り返りシートを作成するための時間をしっかりと取る**ということです。

「ここから、振り返りのための時間を取ります。お手元の振り返りシートを使って、今回のセミナーで学んだことを明日から役立てるためにも、一度振り返ってみてください。それでは、どうぞお書きください」

時間を取って書いてもらう。書き終わるまで、司会者はその場を動きません。これが暗黙のプレッシャーとなり、書かなくてはならないような空気を生み出すのです。

# ワンクリック申込書で成約率を上げる

セミナーから、**フロントエンド商品を申し込んでもらうための最強のツールが「ワンクリック申込書」**です。ワンクリック申込書とは、申込みする人の負担をできるだけなくし、チェックボックスにチェックするだけで、申込みができる用紙のことです。

何時間にもおよぶセミナーのあとで、お客様は頭がもうろうとしています。そのような時に難しい説明をしても、頭に入ってくるわけがありません。そのため、次のような点に注意してワンクリック申込書を用意します。

・申込み欄の会社名や氏名は、あらかじめ印刷しておく（ワードの差込み印刷機能を使うと便利）
・書いてもらうのは、チェックボックスのチェックだけにする
・紙は見てすぐに見分けがつくように色紙（ピンク等）にしておく

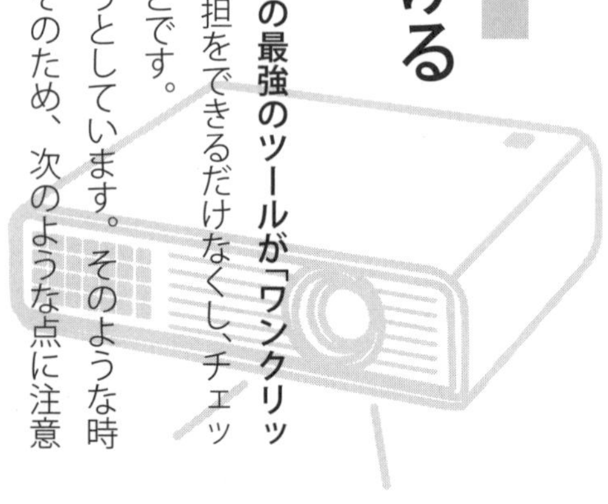

これだけしっかり準備して、さらにメリットばかりで相手にとってリスクのないフロントエンド商品であれば、50％以上はクリック（チェック）するでしょう。とにかく、お客様にあれこれ考えさせてはいけません。

ただし、いくら意識がもうろうとしているからと言って、費用対効果に厳しい人や、その場では意思決定できない人もいます。そんな人たちのために、手紙を用意します。

この手紙は、相手の感情に訴えかけるようなものでないといけません。参加者が日ごろから気になっている不安や悩みに共感するような内容が効果的です。決して、こちらの言いたいことばかりを書いてはいけません。

そして、**手紙の中で欠かせないのが、「費用対効果」について**です。費用対効果については、業界の尺度で比較するとわかりやすいものです。「○○1回分と同じ価格です」、「○○1回すれば元が取れます」といったフレーズが効果的です。

あるいは、まったく別のものと比較するという手もあります。例えば、「毎月ゴルフに1回行くよりも、よほど費用対効果が高いと思います」などです。どんな比較であれ、費用対効果について語ることは、経営者を相手にする以上は必要不可欠です。

さらに効果を高めたければ、申込者のリスクを極力なくすことです。DMの時にも紹介しましたが、「返金制度」や「無料お試し」、満足いかなかった場合に迷惑料さえもお支払いする「満足保証」。これらを駆使すれば、鬼に金棒でしょう。

費用対効果に厳しい人や、その場では意思決定できない人向けに手紙を用意しますが、やはり即決してもらうに越したことはありません。

そこで、限定感や緊急性を打ち出して即決を促します。使えるパターンとしては、「本日お申込みの方には特典があります」と打ち出し、セミナー参加者がほしくなるような特典を用意します。

ただし、特典は何でもいいわけではありません。今でしたら、iPodやWiiなどを特典にしてしまいそうですが、それでは受注につながりません。あくまでも、自社の商品につなげた特典、例えば、商品を使ってうまくいった成功事例レポートやノウハウが詰まった小冊子、著名人との対談が収録されたCDなどが効果的です。

また、これらの特典一式をバインダー等に綴じて、セミナー参加者にひとつずつ配ります。そして、当日申込みをしなかった場合には、目の前のノウハウがいっぱい詰まったバインダーは手に入らない仕掛けにします。この手はかなりずるいのですが、効果はバツグンです。

即決を促すためには、このような限定感と緊急性が重要なポイントになります。

# ワンクリック申込書の例

お問い合わせ No.100424

## ソフトハウス経営研究会　申込書

年間会員入会、または、特別無料お試しご招待（9月度の1回のみ）の参加をご希望の方は、下記にチェックをつけて、本日ご提出ください。
（どうしても本日決められない方は、FAX:03-6212-2943／ソフトハウスチーム・西村宛にお送り下さい）

□ 年間会員に申し込む
□ 9月度特別無料お試しご招待（9/28・東京）に参加する

（□に✓をお付け下さい）

| | |
|---|---|
| 貴社名： | |
| 会員となる方のご氏名： | 様 |

※申込された企業の事業領域が重複する場合は、先着順となります。

**本日お申し込みの方だけの2大特典　～特別限定プレゼント～**

本日、「年間会員申し込み」「お試し無料参加」のいずれかにお申し込み頂いた方には、下記２大特典を限定プレゼント！

特典①　今年の3月に開催したモデル企業視察バスツアーのテキストとレポートセット！

特典②　船井総合研究所 代表取締役 小山政彦の人気著書！

※こちらのシートは必要な方だけご記入下さい。

## 業績アップサポートメニュー　申込書

船井総研・ソフトハウス活性化チームが、
あなたの会社の **集客の悩み**、**業績アップの悩み** を解決します！

以下のようなことでお悩みの方は、ご活用下さい。

- 問題解決型Webサイトを作りたいが、作り方がよくわからない。
- 問題解決型Webサイトを作れたとしても、社内で運営できない。
- とにかく自社のWebサイトを集客できるWebサイトにしたい。

→ ①

- 当たる販促ツールが作れない。
- 当たる販促ツールのノウハウを社内に蓄積したい。

→ ②

- 自社の展示会を診断して欲しい。
- 展示会で多くの見込客を集められるようになりたい。

→ ③、④

| No. | 各種メニュー | 料金 |
|---|---|---|
| ① | □ **問題解決型Webサイト運営代行サービス** を依頼したい<br>サイト構造の見直し、導線設計、問題解決型コンテンツやキャッチコピーの継続的な改善等、問題解決型Webサイトの運営に必要な作業をすべてアウトソースできます。寝ていても客が集まってくる仕組みを手に入れることができます。<br>※SEO対策やリスティング広告の費用はお客様のご負担となります（月額20～30万円を想定）。 | 通常月額40万円のところが研究会会員になると<br>25%OFF<br>月額30万円（税別） |
| ② | □ **当たる販促ツール添削サービス** を依頼したい<br>自社のDM、セールスレター、チラシ等の販促ツールが当たるツールに大変身します。月2回の添削により、当たる販促ツールの作成ノウハウが身に付きます。マーケティング専任担当者の育成にも役立ちます。 | 通常月額15万円のところが研究会会員になると<br>33%OFF<br>月額10万円（税別） |
| ③ | □ **展示会簡易診断サービス** を依頼したい<br>自社の展示会を約60項目のチェックリストを使って診断します。第三者の目から見て、自社のブースのどこが悪いのか、どこを改善すればいいのか、確実かつすぐに実行できる改善レポートが手に入ります。 | 通常80万円のところが研究会会員になると<br>37%OFF<br>50万円（税別） |
| ④ | □ **見込客創出型展示会プロデュース** を依頼したい<br>目的、成果目標の設定等の計画フェーズから集客導線、レイアウト設計等の設計フェーズ、実行フェーズ、フォローフェーズまで成功する展示会を全面的にサポートします。プロデュース内容はしっかりと自社用にマニュアル化され、次回の展示会では自社単独で精度の高い展示会を開くことができます。<br>※展示会への出展費用、ブースの装飾費用はお客様のご負担となります。 | 通常250万円のところが研究会会員になると<br>20%OFF<br>200万円（税別） |
| ⑤ | □ **当社で課題となっているテーマについてコンサルティング** を依頼したい | 応相談 |

※本日、ソフトハウス経営研究会へのご入会を頂いた方は会員企業様料金にて、ご優待させていただきます。

# 1セミナー1目的で

セミナーを開くと、どうしてもいろんなことを試したくなるものです。

・あの商品を買ってもらいたい
・無料の相談会に誘導したい
・ついでだから、次回のセミナーの告知もしておきたい
・どうせなら、関連商品もアピールしておこう
・とりあえず、商品のパンフレットはすべて配っておこう

しかし、絶対に気をつけてほしいことがあります。それは、

**「セミナーでは目的をひとつに絞る」**

ということです。ひとつのセミナーで、目的をたくさん持てば持つほど、セミナーの成功は困難になります。

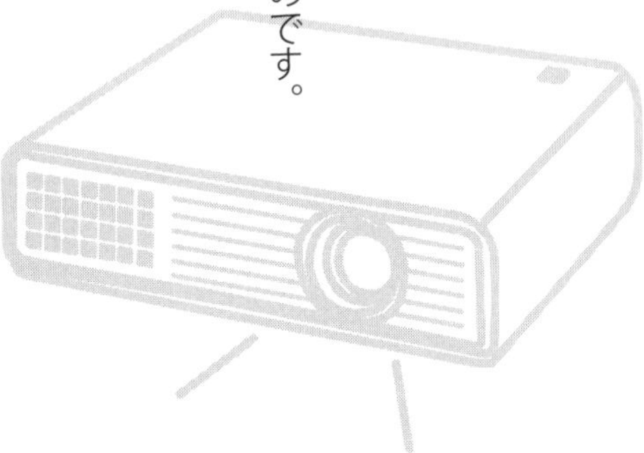

お客様にとっても、アクションの選択肢が多いと、いったいどのアクションを取るべきなのかがわからなくなります。わからなくなったら行動しません。なぜなら、誰しもリスクは取りたくないからです。

セミナー企画の段階で、そのセミナーでの売り物を決めたはずです。どんなにお客様が集まっても、欲を出さず、そこだけはブレることなく、**「ひとつセミナーでは、ひとつの目的に集中する」**ことを忘れずにセミナーにのぞんでください。

そうすれば、きっとよい結果がついてくるはずです。

5章

# 受注につなげるアフターフォロー

# 捨てられないプレゼントを渡す

セミナーから受注に結びつけるためには、セミナーで近くなったお客様との距離を、さらに縮める必要があります。その距離を縮めるには、「捨てられないプレゼント」が有効です。捨てられないプレゼントには、次のようなものがあります。

**（1）写真入りのお礼状**

セミナー後にお礼状を送っている会社はあると思いますが、そのお礼状には講師やスタッフの顔写真が入っていますか？　顔写真が入っていると、捨てにくいものです。お礼状を書くのであれば、必ず顔写真を入れるようにしましょう。

**（2）修了証として盾や額に入れて送る**

セミナーを受講した証（あかし）として、修了証という位置づけで送ります。送る際には、盾や額に入れて送ると、捨てられる可能性は低くなります。盾や額でもらってしまうと、やはり飾り

たくなるのが人間の心理です。

私も以前、セミナー参加者に修了証を額に入れて送ったことがありますが、今でも大事に飾ってあるのを見て、感動することがあります。送った側としてもうれしいものです。

**（3）セミナーに関連する本**

本をプレゼントするというのもひとつの手です。セミナーに来るような人は皆さん勉強熱心なので、本をプレゼントすると喜ばれます。特に、セミナーの中で話題に出た本や、セミナー内容に関連した本などを贈るとよいでしょう。

**（4）絵手紙**

こちらは少しばかり高度になりますが、自作の絵を描いた手紙です。凝（こ）っていて、しかも味がある分、相手の気持ちをグッとつかむことができます。絵手紙などが好きな人は、どんどん実践してみてください。

**（5）招き猫・だるま**

「冗談ではなく、本気で提案しますが、招き猫やだるまなども効果的です。招き猫やだるまは縁起のいいものですから、捨てるのも気が引けるし、飾っておきたくなるものです。このように、常に目につくところに飾ってもらうことで、頻繁に思い出してもらえます。

### (6) カレンダー

これは、比較的よく使われているかもしれません。卓上カレンダーなどは、あると便利なので、ついつい机の上に置いておくことになります。さりげなく目につくところに連絡先などを入れておくとよいでしょう。

### (7) 顧客事例集

顧客事例の数が集まってきたら、冊子にして配布することをおすすめします。顧客事例自体が営業ツールにもなるし、読み物として面白みがあれば、口コミツールとしても活躍します。

いずれにしても、このような捨てられないプレゼントを贈って、少しでもお客様との距離を縮める努力をしていきましょう。

## 捨てられないプレゼントの例

盾型の修了証

お礼状①

お礼状②

## 振り返りシートを使った見込度の見極め方

セミナーで集めた振り返りシートからは、さまざまな情報が入手できます。そこで、次のようなステップで**見込度の見極め**を行っていきます。

まずは、満足度の高さを見ます。振り返りシートの「たいへん参考になった」、もしくは「参考になった」、「それ以外」でお客様をざっと振り分けます。

そして、振り返りシートの最後に用意した「無料相談」に丸がついているかどうかで、さらに振り分けます。

それから、振り返りシートに書かれている字の勢いや字体、文章のボリューム、内容などで本気度を探っていきます。字に勢いがあり、真剣に書かれている場合は、文字に想いが現れてきます。

ここは少し経験も必要ですが、文字から相手の気持ちを推測する訓練をしていきましょう。数を見ていけば、自然と身につくものです。

本気度が高そうな順番に優先順位をつけていきます。

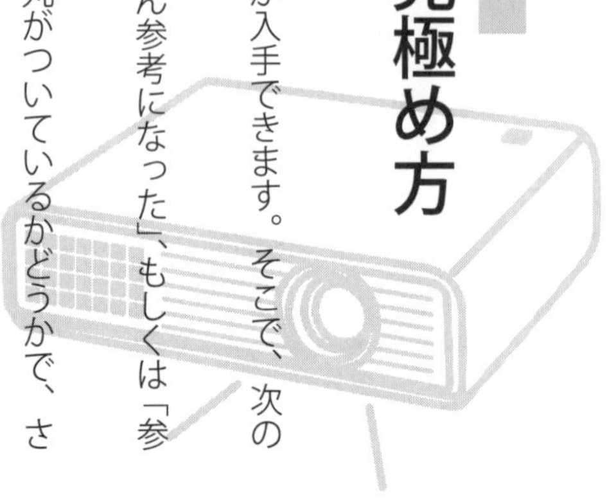

# 振り返りシート

**中小ソフトハウス経営者のための即時業績アップ手法大公開セミナー2005**
**振り返りシート**

本日は、『中小ソフトハウス経営者のための即時業績アップ手法大公開セミナー2005』にご参加いただき、誠にありがとうございました。
つきましては、当セミナー内容を皆様自身が再度ご整理して明日からの実践に役立てて頂くために、下記の項目にご記入頂きたいと存じます。
お手数ではございますが、宜しくお願いいたします。

| 御社名：[redacted] | ご氏名：[redacted] | 役職：[redacted] |
|---|---|---|

1．今回のセミナーのご感想はいかがでしたか？（○をお付け下さい）
　①大変参考になった　②参考になった　③普通だった　④期待を大幅に下回る

2．今回のセミナーをお聞きになって即実行してみたいこと、もっと詳しく聞きたいことをお書き下さい。
《即実行してみたいこと》

《もっと詳しく聞きたいこと》

3．今回のセミナーについてのご意見やご感想をご自由にお書き下さい。
戦略的な内容よりも戦術的な話しが多い

**課題が明確になっている**

4．今回、コンサルティング会社の"業績アップセミナー"にご参加されたわけですが、今現在の御社の営業状況に何かお悩みでもおありでしょうか？（○をおつけ下さい）
①ある　内容
創業から18年が経過したが会社の業績が業界のマクロライフサイクルと同じ状況になっている。自社が10億の売り上げを目標にするための戦略が見えたくい。
②ない

5．前項でご記入の課題解決に向けて、船井総研ではソフトハウス向けの総合的なコンサルティングメニューと支援実績がございますが、ご関心はありますか？（○をおつけ下さい）
①船井総研のコンサルティングに関心がある → 関心はあるが早期の解決を望まない
良い会社にすることを考えている
　個別相談をしたい　（　　）月（　　）日頃
②自社独自で早期に解決できそうなので関心はない

6．船井総研・ソフトハウス活性化チームが不定期に発行する情報誌やメールマガジン（無料）をご希望されますか？
①希望する　②希望しない

7．現在、船井総研・ソフトハウス活性化チームでは、チーム専用ホームページにて御社と大手SI企業などとの受発注をつなぐマッチングサイト（無料）を企画しておりますが、御社情報の掲載を希望されますか？
①希望する　②希望しない

※ご協力ありがとうございました

<お問い合わせ>　株式会社 船井総合研究所　ソフトハウス活性化チーム　担当：西村（ニシムラ）
〒100-0005　東京都千代田区丸の内1-6-6 日本生命丸の内ビル21階
TEL:03-6212-2933　FAX:03-6212-2943

# 心理学を利用した電話フォロー

振り返りシートで見込度を見極めたあとは、電話フォローに入ります。**電話フォローの目的はアポ取りです。電話で営業をかけたりはしません。**ここでの目的は、あくまでもアポ取りに集中しましょう。

アポ取りの際に気をつけなければならないことは、「自社に来てもらう」ということです。セミナー講師となったことで、あなたは権威づけされ、お客様から見たポジションは以前よりも上がっているはずです。ここは、へんに下手に出ずに堂々と接しましょう。

この電話フォローでは、心理学を利用したテクニックをご紹介します。心理学の考え方を応用し、アポ取りの精度を上げていきます。

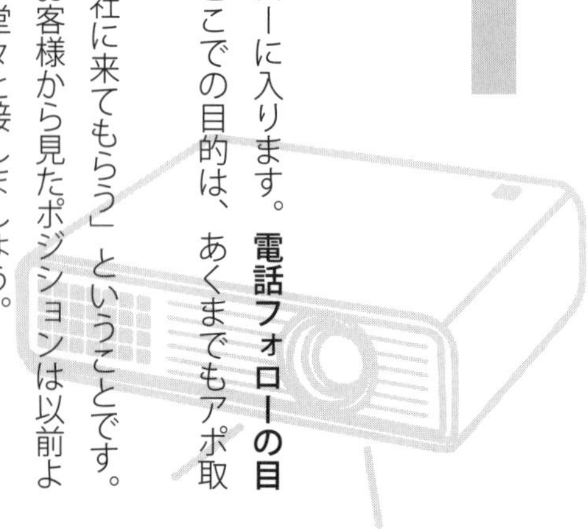

## (1) YESセット

心理学のひとつに「YESセット」というものがあります。YESセットとは、返事が「YES」となるような質問を繰り返していると、相手は「YES」と答えやすい心理状態になるというものです。代表的なものとしては、テレビ番組「笑っていいとも」のオープニングがあります。

「こんにちは！」（タモリ）　「こんにちは!!」（観客）
「天気いいですね！」（タモリ）　「そうですね!!」（観客）
「明日は雨になるらしいですね」（タモリ）　「そうですね!!」（観客）
「このまま梅雨入りだってね」（タモリ）　「そうですね!!」（観客）
「んなこたないよ」（タモリ）

このように、会話を進める中で相手から無意識に「YES」という返事を取ることで、相手は知らず知らずのうちにあなたの話に引き込まれていくのです。

例えばアポ取りでは、次のような使い方ができます。

「先日はセミナーへのご参加ありがとうございました（YES）。振り返りシートを見せていただいたところ、ご相談があるということですが（YES）。その件に関して問題は解決できていないでしょうか？（YES）。では、一度ゆっくりとお話させていただければと思います。近々、打合せができるお時間を取りましょうか？（YES）」

このような感じでYESセットをうまく活用すれば、スムーズにアポを取ることができます。

## （2）ダブル・バインド

ダブル・バインドを活用した会話とは、購入することを前提とした話の展開をすることで、相手をその気にさせてしまうことです。

例えば、セールスマンに次のような質問をされたことはありませんか？

「プレゼントをお探しですか？　ご贈答用ですか？　それとも、ご自分でお使いになりますか？」

「もし購入するとしたら、どちらのコースをお考えですか？　Aコースですか？　Bコースですか？」

これらの質問は、どちらも購入が前提で質問をしています。「買うか買わないか」という選択ではなく、「Aを買うかBを買うか」の選択に質問がすり替えられているのです。

もちろん、強引なやり方は禁物ですが、このようなテクニックをうまく活用することで、アポ取りの際も、「会うか会わないか」という選択ではなく、「○日に会うか△日に会うか」の選択に質問をすり替えることで、アポ取得率を上げていきます。

YESセット
YES
YES
YES
心理学の考え方を応用し、アポ取りの精度を上げる
では、近々打合せを……
ダブル・バインド
会うか、会わないか
…ではなく
○日に会うか、△日に会うか
である

# 無理なく受注できるクロージング術

さあ、アポが取れて、自社のオフィスにお客様を招いたら、商談をはじめます。
その際、出だしがとても重要です。以下のような流れで進めていきましょう。

## （1）導入

セミナー後ですから、もちろん話題はセミナーになりますが、ここで「セミナーはいかがでしたか？」と言ってはいけません。たいていの場合、「まあ、よかったですけど、〇〇がもっと詳しく聞きたかったんですけどね」などと評価されてしまいます。

こうなると、いきなり立場が相手より下になってしまいます。評価を下される立場ですから、マイナスになるような発言は避けましょう。

そうならないように、冒頭では**「セミナー、面白かったですか？」**から入ります。そうすると、「いや、面白くなかったです」とはなりません。この質問により、まずこちらが主導権を握ることができます。

そして、セミナーについて少し話をして、本題に入る時、「で、今日は?」という質問をします。不思議なことに、この一言でお客様は自らの課題を勝手に話しはじめてくれます。

## (2) 中盤

ひととおり話を聞いたら、相手の課題を整理してあげます。ここでは、あまり細かい話題には入り込まないようにしましょう。あくまでも、マクロ的視点でヒアリングをする必要があります。

実は、ミクロな視点でのヒアリングおよび提案は、受注につながらない場合が多いのです。ミクロに答えると、感謝されて終わるだけです。もっと大きな視点から課題を認識させましょう。

会話中はお客様にゴール（目標）を意識させ、それをいつまでにやるか、そして今やるべきことの必要性を訴えていきます。そうすることで、お客様に商品やサービスの必要性を感じさせます。

必要性を感じさせたら、今度は**お客様に成功のイメージを持たせます**。成功のイメージを持たせるための絶好のツールが「顧客導入事例」です。

できれば、数ある顧客導入事例の中から、お客様のイメージに合うものを選択して提示します。ここでは、営業トークは一切必要ありません。顧客導入事例を見せて説明するだけです。

これで、成功ストーリーをイメージさせることができます。

### （3）クロージング

相手が「少し考えさせてください」と即答することをしぶったら、「何を悩んでいるのですか？　やりたいと思っているんですよね。これからいったい何を考えるのですか？」と背中を押します。

そして、「じゃあ、前向きに考えます」、「よろしくお願いします」と言われたら、「では、すぐにキックオフミーティングをしましょう。手帳はありますか？　○月○日○時はいかがですか？　こちらからおうかがいしますよ」といった具合に、**導入前提で既成事実を作ってしまいます**。ただし、もちろん強引なクロージングはいけません。

# 顧客事例

fullflex 採用事例

fullflexEG　販売パートナー 様

東京都港区

## NECネッツエスアイ株式会社 様

情報ネットワークソリューション事業部
ネットワークSI部
山崎 将人 様

### システムは、トラブルなく稼動することが大前提。fullflex EG の安定性なら、自信を持ってお客様にお薦めできる。

NECネッツエスアイでは、アレイネットワークスのSSL-VPNアプライアンス「SPX Series」の販売を推進している。
この製品と連携するRADIUSサーバ製品としてfullflex EGを採用し続けている、SPXご担当の山崎氏に話を伺った。

### 「ユーザビリティの高さと安定性が、次のビジネスにつながる。」

**――山崎様とfullflexのおつき合いについて教えていただけますか？**
以前からアクセンス・テクノロジーを知ってはいました。それまで上司が担当していましたが、直接関わるようになったのは、SPXの担当になった1年～1年半くらい前からでしょうか。
最も新しいところでは、5,000人の従業員を抱える製造業者さんの案件で、国内・海外の各拠点から本社へリモートアクセスする際に連携するRADIUSサーバ製品として、fullflex EG を採用しました。

**――この製品の第一印象はどうでしたか？**
そうですね、最初にまず日本語製品があったのかと思いました。
RADIUSサーバに限らず、この手の製品は海外製品がとても多く、マニュアルもGUIも英語であることが当然のような状態だったので、fullflex EGがすべて日本語なのはインパクトがありましたね。海外製品は日本語の手引書を作るだけでもかなり大変ですから、それが不要なのは売り手としてありがたいですし、ユーザにとってもわかりやすい、優しい製品になっていると思います。

**――操作面ではいかがですか？**
直感的に理解できるGUIがいいですね。設定メニューもツリー状にカテゴリ分けされているので、表示に従いながら迷うことなく辿りつけます。当時アクセンス・テクノロジーでは、技術者でないスタッフも含めてメニューを考えられたそうですが、その効果が出ていると思います。

**――アクセンス・テクノロジーとは代理店経由での取引ですが、直接営業担当者と話す機会はありますか？**
通常は問い合わせも代理店経由で行っていたのですが、急ぎの案件があった際「RADIUSご相談窓口」へ直接問い合わせしたのをきっかけに、最近はよく直接の連絡を取り合っています。レスポンスが早いので助かりますね。営業さんでも一通りの技術的知識を持っているため、電話だとその場で回答してくれたりしますし。我々もお客様に回答する立場ですので、スピーディに動けるのがありがたいです。
また、製品に対する要望を出すと、それを吸収して極力反映しようとしてくれるので、こちらとしても提案のし甲斐がありますし、好循環だと思います。

**――それではお客様からの評判も良さそうですね。**
それが、導入後のお客様からはほぼ音沙汰がないんですよ（笑）。
お客様にとっては、システムが何の問題もなく稼動しているのが当たり前であり前提です。何か連絡が来るときは「わからない」とか「不具合が出た」とかいう悪い場合がほとんどですから、「たよりがないのはいい知らせ」。ユーザビリティが高い、安定して動いている、ということの現れなんです。
これは、いわゆる「手離れがいい」という状態で、お客様の満足はもちろんのこと、我々も信頼を得られますし、あとあと余計なコストをかけずにすむ。安心して次のビジネスを展開できるんです。うちではお客様からよほどの指定がない限り、RADIUSサーバはfullflexを薦しています。

**――「fullflex」は、取り扱いやすい製品ということでしょうか？**
はい、我々にもお客様にも安心感がありますね。

**――アクセンス・テクノロジーに今後期待することはありますか？**
先に述べたレスポンスの早さなどは、小さい会社の利点なのかも知れませんね。ぜひ維持して行ってほしいと思います。また、私などはSPXに特化した仕事ばかりしていますので、RADIUSに関するノウハウなども教わって行ければ嬉しいです。今後は、メーカー側の顔が見えるような営業・提案などを、お客様に対して共同でおこなって行けたらとも考えています。
実を言うと、アクセンス・テクノロジーはずっとRADIUSだけでやって行くつもりなのかなと思っていたのですが、別分野の新製品開発も進んでいるようで、よかったです。

インタビュー：2006.11

Copyright(c)2001-2007 Accense Technology, Inc. All rights reserved.

# フロントエンド商品からバックエンド商品への誘導

1章でも少し触れましたが、まずは、小額でもいいので購入してもらうことが大事です。**セミナーの真の目的は、このフロントエンド商品の導入**と言っても過言ではありません。

そして、一度お客様になってもらったら、ここからお客様を放してはいけません。そこで**大事になるのが、フロントエンド商品の後ろに控えているバックエンド商品**です。バックエンド商品とは、一度購入した経験のあるお客様から繰り返し買ってもらう商品のことです。

通販ビジネスがその典型で、フロントエンド商品とバックエンド商品で成り立っています。最初にフロントエンド商品となる無料サンプルを配り、そこで顧客リストを獲得し、関心を持った顧客に対してアプローチし、リピート購入につなげていくというパターンです。このビジネスモデルはとても参考になります。

通販ビジネスで最も大事なのは、顧客リストです。「商品をどうやって売ろうか」とばかり考えるから失敗するのです。通販ビジネスでは、商品を売ることを考えるのではなく、まずは顧客リストを増やすことを考えます。ここは、ビジネスの成否を分ける大きなポイントとなります。

大事なので、もう一度言います。

**「商品をどうやって売ろうか考えるのではなく、まずは顧客リストを増やすことを考える」**

これが重要です。実際、顧客リストが増えれば増えるほど、バックエンド商品の売上のインパクトは倍々ゲームで拡大していきます。

ただし、バックエンド商品に適したものと適さないものがあります。バックエンド商品に適しているのは「高額なもの」、もしくは「継続性のあるもの」です。

具体的に言うと、高額なものでは、システム開発のカスタマイズ、アフターフォローの有料化、会員制度等です。継続性のあるものでは、ＡＳＰサービス、トナーやフィルターなどの消耗品等があげられます。

考え方としては、一度お客様に商品・サービスを提供したら、お客様が次に抱える課題にフォーカスすると、おのずとバックエンド商品のニーズが見えてきます。ここでも、常に顧客思考（お客様の立場になって考える）が必要になります。

では、バックエンドに適さない商品・サービスとはどのようなものでしょうか？　一般的に考えて、初回購入時の粗利が１００万円以上になるようなものは、バックエンドは基本的に必要ないでしょう。例えば、次のような商品です。

・高額リフォーム
・M&A仲介
・葬式
・結婚式
・不動産仲介　など

これらの商品・サービスは、紹介による新規顧客獲得を仕掛けたほうがはるかに効率的です。何でもかんでも、フロントエンドとバックエンドを用意すればよいわけではないのです。あくまでも、フロントエンド商品とバックエンド商品にはバランスが必要であり、誘導するための階段の幅が大きすぎても、小さすぎてもいけません。

以上の点に注意して、あなたの商品・サービスに合ったフロントエンド／バックエンド商品を用意してください。

# 6章

# 継続するための仕組み作り

# セミナーはスポーツと同じ

「セミナーはスポーツと同じ」とは、スポーツの上達においては「反復練習」が重要ですが、セミナーもまた同じということです。1回や2回、セミナーを開催したくらいで一喜一憂するのではなく、回数を重ねることで、セミナーの精度をどんどん高めていきます。

例えば、私は学生時代にテニスをしていましたが、鋭い球を打つためには同じスイングを何回も繰り返し練習します。鏡の前で素振りをしたり、玉出し練習をしたり、自動で球が出てくるオートテニス場へ行って繰り返し練習することで、自分の打ちやすい高さ、スピード、距離、間合いなどが徐々にわかってきます。

セミナーも同じで、**はじめから完璧なセミナーなどできるはずがありません**。うまくいった場合でも、うまくいかなかった場合でも、どこがどうだったのかを検証する必要があります。企画がよかったのか、集客がよかったのか、当日の運営がよかったのか、アフターフォローがよかったのか、フロントエンド商品がよかったのか……。それぞれよかった点、悪かった点を明らかにして、回を重ねるごとにレベルを上げていく必要があります。

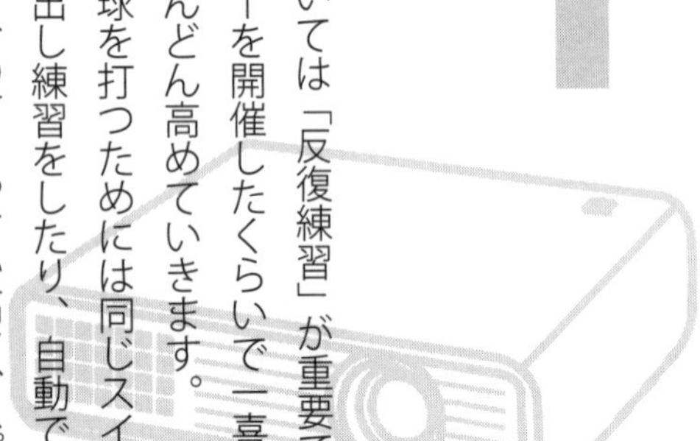

セミナー
セミナーはスポーツと同じ!
はじめから完璧なセミナーなどできるはずもない
どこが どうだったのか検証する必要がある
回を重ねるごとにレベルを上げていく必要がある!

# 必ず数字で把握する

なぜ、数字で把握する必要があるのでしょうか？

数字で把握しないと、改善できないからです。逆に言うと、**数値化できるものはすべて改善できる**と言えます。もちろん、努力を怠らなければですが。

セミナーを開催すると、満足できるセミナーや満足できないセミナー、うまくいったと感じるセミナー、うまくいかなかったと感じるセミナーがあります。しかし、これらはあくまでも感覚であり、厳密には何がよくて何が悪かったのかわかりません。

ところが、**数値で把握することにより、少なくとも結果が出ます**。それに対して、改善策を考えて実践していくことで、次の結果が数値で出ます。

前回と比べてよかったのか、悪かったのかによって、また次の対策が出てきます。この繰り返しが必要です。

具体的に把握すべき指標としては、次のようなものが考えられます。

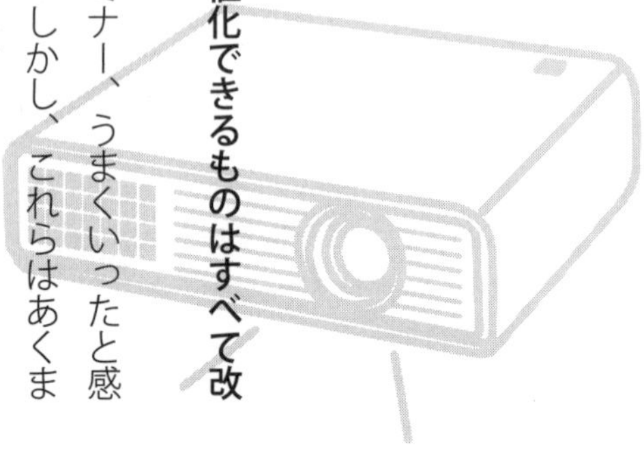

・ＤＭ反響率
・セミナー出席率
・アンケート回収率
・無料相談率
・フロントエンド商品成約率
・バックエンド商品成約率

常に数値化する習慣づけを行い、「カイゼン」を繰り返していくことがセミナーの成功率を高めます。

# 反省会はブレストで

セミナー後に欠かせないのが反省会です。反省会は、セミナー直後にやる必要があります。鉄は熱いうちに打てと言われるように、まだ頭が熱いうちに、いろいろな改善点やアイデアを出します。

反省会でおすすめなのが、**ポストイットを使ったブレイン・ストーミング**（略してブレスト）です。言葉でのブレストになると、よく話す人や声の大きい人に意見が偏ってしまい、せっかくいい意見を持っているのに発言しない人が埋もれてしまいます。

ここでは、**言葉ではなく、書くブレストを行います。**具体的には、次のような手順で進めていきます。

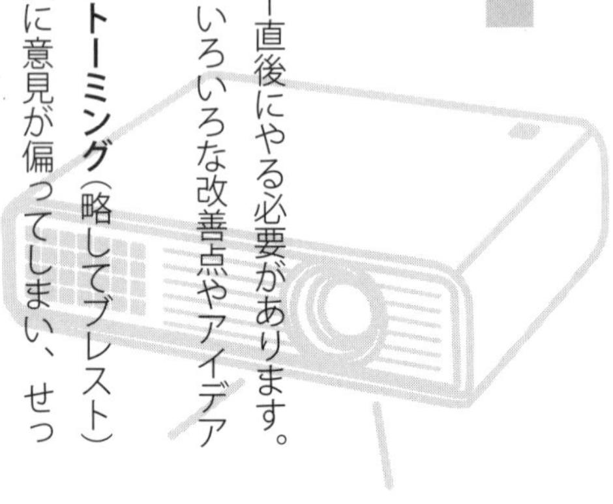

**(1) テーマを決める**

テーマを大きく2つに分けます。ひとつはセミナーでよかった点、もうひとつはセミナーで悪かった点です。このテーマに沿って、ブレストをはじめていきます。

**（2）気づいたことをポストイットに書く**

セミナーを通じて気づいた点を、どんどんポストイットに書いていきます。ただし、ひとつのポストイットに書く「気づき」はひとつだけです。同時に2つ思いついたら、2枚に分けて書きましょう。内容は気にせず、とにかく思いついたものを書きまくります。

**（3）グルーピングする**

出てきた気づきをグループ化します。例えば、「案内」、「受付」、「誘導」、「音楽」、「照明」、「空調」、「講座内容」、「お客様の反応」、「配布物」、「フロントエンド商品への誘導」などにまとめます。

**（4）追加で気づきを出す**

グループ化ができたところで、そのグループに関することでさらに気づきがないかを考えさせて、もっと気づきを出させます。さきほどとは違い、切り口ができたので考えやすくなり、気づきが出やすくなります。

## (5) いったんまとめる

追加で出尽くしたところで、ストップしていったんまとめます。テーマが大項目、グループが中項目、気づきが小項目となり、今回の「セミナー気づきリスト」が出来上がります。

## (6) 改善案を出す

気づきリストがまとまったら、大項目のひとつである「悪かった点」の改善策リストを作ります。そして、またポストイットを使って改善案を出していきます。あとは、これまでの手順と同じです。

## (7) チェックリスト化する

改善案が出てまとまったら、チェックリストの完成です。次回からは、このチェックリストを活用して、セミナーを前回よりよいものにしていきます。

## 反省会での気づきをもとに作成されたチェックリスト

### ＜会場予約の際に気をつけるべきこと＞

□ 開催月日

□ 準備開始時間　　　　時

□ 開催時間
　□ セミナー　　　　時　　～　　時
　□ 無料相談会　　　時　　～　　時

□ テーブルの確認　　　スクール、ロの字、その他

□ 座席数　　　　　　　2名掛け　　名、3名掛け　　名

□ サービス関係
　□ お茶のサービス　　名
　□ コーヒーサービス　名
　□ 昼食　　　　　　　名
　□ 水差し（講師用）
　□ お絞り（講師用）

□ 受付用の机

□ 看板

□ エレベータ・トイレ・喫煙所の場所

□ パンフレット（外観の写真）の送付

□ 備品関係
　□ ホワイトボード　　　枚
　□ マイク（ワイヤレス、スタンド）　　　本
　□ スライド
　□ スクリーン
　□ ビデオプロジェクター
　□ 指示棒
　□ その他（　　　　　　　　　　）

# 終わった直後に次のセミナーを企画する

セミナーが終わったからと言って、ホッとしている場合ではありません。**次回のセミナーのネタこそ、セミナー直後に出すべき**だからです。

セミナーの直後はネタの宝庫です。例えば、ネタとして次のようなものがあります。

・セミナーの中で反応のよかったテーマ、悪かったテーマ
・セミナーの中でお客様が消化不良だったテーマ
・セミナーの中でお客様が物足りなさそうだったテーマ
・振り返りシートで要望の多かったテーマ
・これから何となく当たりそうなテーマ

次回のセミナーのネタとしては、次の3つの方向性が考えられます。

**(1) 同じテーマで内容をレベルアップ**

セミナーの満足度も高く、ターゲットとするリストがまだ残っている場合には、再度同じ

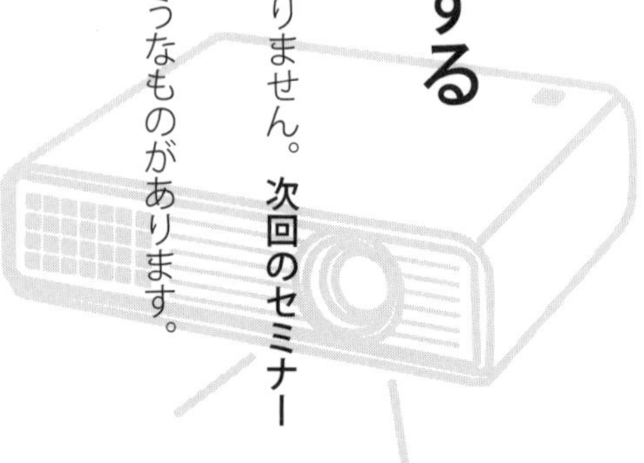

テーマで実施するのもいいでしょう。ただし、反省会で作ったチェックリストをもとにブラッシュアップして、前回よりもよいものにしていく必要があります。

### （2）テーマを特化して深堀りする

セミナーを実施する場合、総合的なテーマから入って、どんどん特化していくのが一般的な流れです。

もっと突っ込んだ話を聞きたい、もっと詳しく時間を取って話をしてもらいたい、などの意見が出てきた場合には、あるテーマに特化してセミナーを実施します。

### （3）まったく新しいテーマに飛ぶ

ここでは、「飛ぶ」という表現を使いましたが、横展開や新提案を意味します。別の業種で実施するのもひとつの手だし、ちょっとした気づきやヒントから、まったく新しい提案にチャレンジしてみましょう。すべてはテストマーケティングです。

こうして、セミナーが終わるたびに次回のセミナーネタを用意しておくと、セミナーネタに困らなくてすむようになります。

# マーケティング管理表でPDCAをまわす

継続してセミナーを実施するための仕組みでは、ＰＤＣＡをしっかりまわせるかどうかがポイントになります。

実際には、ＰＤＣＡをまわすには相当なパワーが必要です。しかし、ちょっとしたツールを用意することで、比較的簡単にＰＤＣＡがまわせるようになります。ここでは、**マーケティング管理表を使ってＰＤＣＡをまわしていきます。**

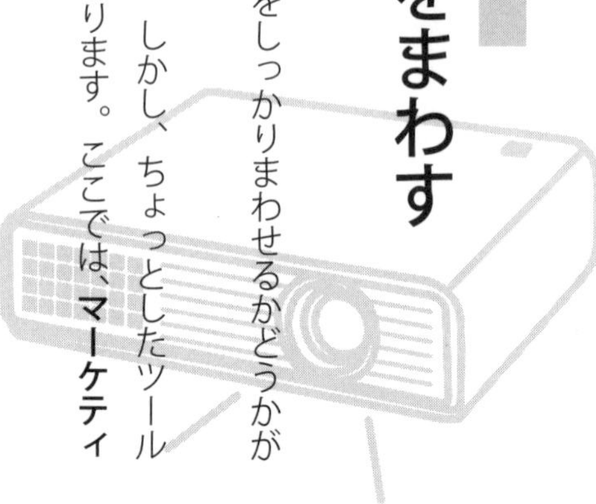

## （１）Ｐ／計画

まずは、セミナーを実施する前に、想定される数値を埋めていきます。最初はよくわからないかもしれませんが、感覚が大事です。もちろん、回数をこなせば慣れてきて、どのくらいの数字になるのかわかるようになります。はじめは、「えいやー」でもいいので、数値を入れていきましょう。

### （2）D／実行

実際に実施した結果、出てきた実績値をマーケティング管理表に埋めていきます。

### （3）C／チェック

マーケティング管理表を見ると、必ず計画との差異が出てくると思いますので、どの部分が計画として甘かったのか、どの部分が予想を上回る結果を出せたのかを把握します。

### （4）A／アクション

反省会での改善案とともに、マーケティング管理表で出てきた差異を埋めるためのアクションを実施します。そして、また次回のセミナー計画を立てていきます。（Pに戻る）

こうして、業務の中にPDCAを組み込むことで、常にカイゼンできる仕組みが出来上がります。ぜひ、マーケティング管理表を活用してみてください。

| 事前<br>電話率 | セミナー<br>参加数 | セミナー<br>参加率 | 商談数 | 商談率 | 成約数 | 成約率 |
|---|---|---|---|---|---|---|
| | | | | | | |
| | | | | | | |
| | | | | | | |
| | | | | | | |
| | | | | | | |
| | | | | | | |
| | | | | | | |
| | | | | | | |
| | | | | | | |
| | | | | | | |
| | | | | | | |
| | | | | | | |

## マーケティング管理票

| 開催月 | リストの種類 | DMの種類 | DM送付数 | DM反響数 | DM反響率 | 事前電話相談 |
|---|---|---|---|---|---|---|
| 1 | | | | | | |
| 2 | | | | | | |
| 3 | | | | | | |
| 4 | | | | | | |
| 5 | | | | | | |
| 6 | | | | | | |
| 7 | | | | | | |
| 8 | | | | | | |
| 9 | | | | | | |
| 10 | | | | | | |
| 11 | | | | | | |
| 12 | | | | | | |

# セミナーをＤＶＤとして商品化する

セミナーは、もちろん営業につなげるためのものですが、セミナーから派生して収益を生むことができます。その方法とは、セミナーのＤＶＤ化です。**セミナーを収録してＤＶＤにして売ります。**

通常、セミナーのＤＶＤはセミナー料金よりも高く設定します。セミナー料金よりも低く設定してしまうと、ＤＶＤを買う人のほうが増えてしまうからです。例えば、3万円のセミナーであれば、ＤＶＤは5万円。1万円のセミナーであれば、ＤＶＤは1万5０００円という具合に、1・5倍程度の価格差を設定しておくといいでしょう。

また、無料セミナーの場合でも、このセミナーＤＶＤというのはなにかと使えます。例えば、次のような用途に使うことができます。

・セミナーの特典にする
・雑誌広告やメルマガ広告などの特典にする

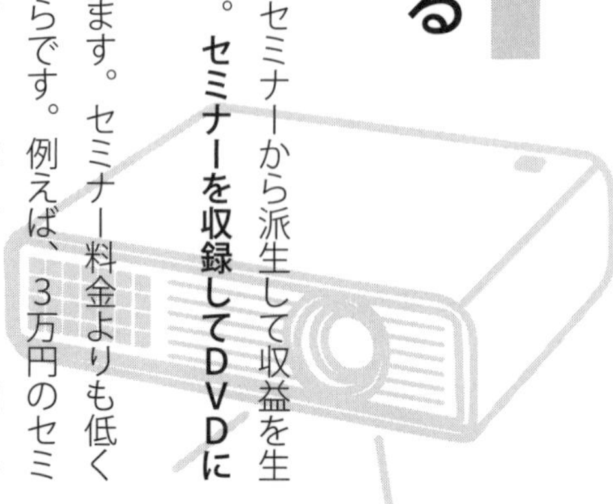

## セミナーDVD

特典1
ご紹介いただいた方が
研究会に無料お試し参加された場合
最新！ソフトハウス業績アップセミナー
DVD（5.25万円）
をプレゼント
※既にお持ちの場合には
同等の教材に変更

**セミナーDVDは「特典」としても活用できる**

・営業ツールとして活用する
・値引きを防ぐためのオマケとして活用する
・顧客教育・啓蒙のために無料で配る

いずれにしても、セミナーをＤＶＤとして商品化しておけば、いろいろな展開が可能となります。セミナーの商品化をおすすめします。

# マニュアルの作り方と活用法

セミナーを継続的に実施するための仕組みとして、マニュアルの整備は効果的です。マニュアルを作っておけば、セミナーの品質も一定レベルに保てるし、新しいスタッフが入った時も、マニュアルを読んでもらえば、すぐにセミナーの手伝いができます。

ただ、マニュアルを作るといっても、どのような内容を盛り込めばいいのかわからないと思いますので、マニュアルに書くべきことを紹介します。大きく5つのパートから成り立っています。

**(1) 心構え編**

最初のパートでは、セミナー運営の心構えから説いていきます。これはかなり重要なことです。なにごとに対しても取り組む心構えがしっかりしていなければ、成功させることはできません。ちなみに、船井総研のセミナーマニュアルの心構え編には、次のようなことが書かれています。

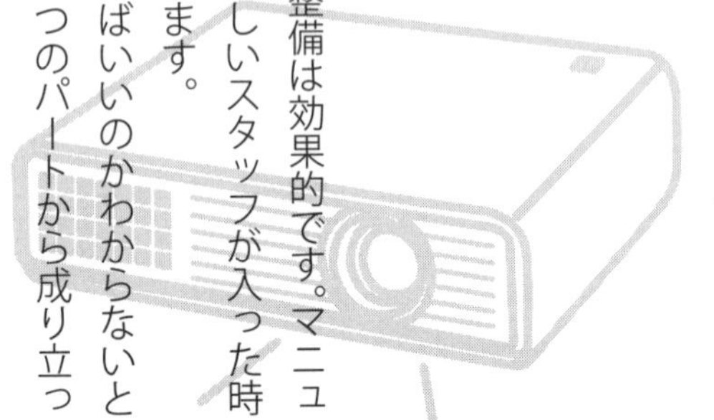

①司会者とはプロデューサーである
②司会者という仕事を決して作業にしてはならない
③何に対しても指示待ちをせず、自ら必要事項を得るために動く
④セミナーの成功は準備で8割決まる
⑤司会者に対しての拍手はセミナーの成功を意味する
⑥講演は最大の勉強の場である。司会に没頭してはいけない
⑦半年後～1年後には講師に、2、3年後には主催者になるというビジョンを持って司会をする
⑧セミナー終了後、自分なりの改善ポイントと全体の改善ポイントを整理する
⑨常にお客様の身になって最優先を考え、行動する
⑩可能なかぎりお客様の要望はすべて聞く

## (2) 事前準備編

このパートでは、セミナーにあたって事前に必要な準備のポイントを書いていきます。本書の2章「成功の8割を握るセミナー準備」を参考にして作成するといいでしょう。ここでは、次のようなポイントを書いておきます。

・セミナー参加者への連絡事項
・セミナーまでに準備するもの
・セミナー事前打合せ

**(3) 当日編**

このパートでは、当日の運営で気をつけるべきポイントを書きます。本書の4章「満足を最大化する運営法とは」を参考にして作成するといいでしょう。ここでは、次のようなポイントを書いておきます。

・セミナー前の確認事項
・当日のスタッフの動き
・司会とスタッフの連携

**(4) 事後編**

このパートでは、セミナー後に気をつけるべきポイントを書きます。本書の5章「受注につなげるアフターフォロー」を参考にして作成するといいでしょう。ここでは、次のようなポイントを書いておきます。

・お礼状の発送
・欠席者への対応
・各種伝票処理
・未入金者への催促

### (5) チェックリスト編

最後のパートは、チェックリスト集です。これまでの気づきをまとめたチェックリストをここに綴じておきます。チェックリストはノウハウのかたまりです。どんどん最新のものに更新していきましょう。

**マニュアルは一度作ったら終わりではありません。常にブラッシュアップさせて、進化させていく必要があります。** セミナーごとにバージョンアップするつもりで更新していきましょう。

また、マニュアルに追記した場合には、誰がその気づきをプラスしたのか履歴を残し、マニュアル作りに貢献した人は歴史に名が残るようにしていくといいでしょう。

# セミナー業務の標準化・自動化

これまで説明してきたように、セミナー業務というのはなかなか手間のかかるものです。しかし、最近ではWebとシステムを活用して、セミナー業務を楽に運営できるようになってきました。それは、Webとシステムを活用すると、セミナー業務の標準化と自動化を実現できるからです。

標準化と自動化には、以下のような要素があります。

■標準化
・告知ページ　・申込フォーム
・メールテンプレート　・メール配信グループ

■自動化
・受付完了メール　・定員管理
・来場履歴登録　・来場お礼メール　・欠席者フォローメール

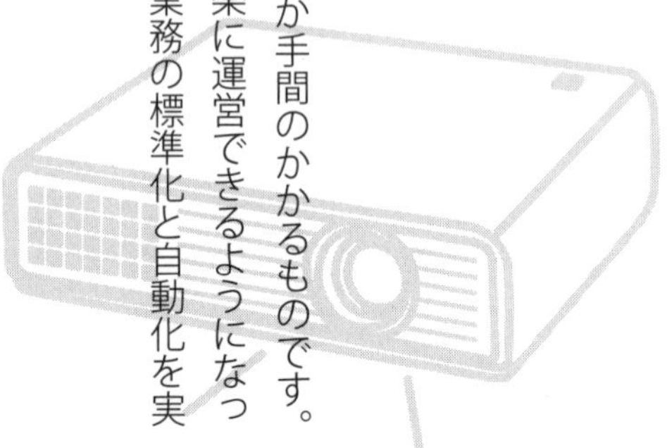

## システム画面①

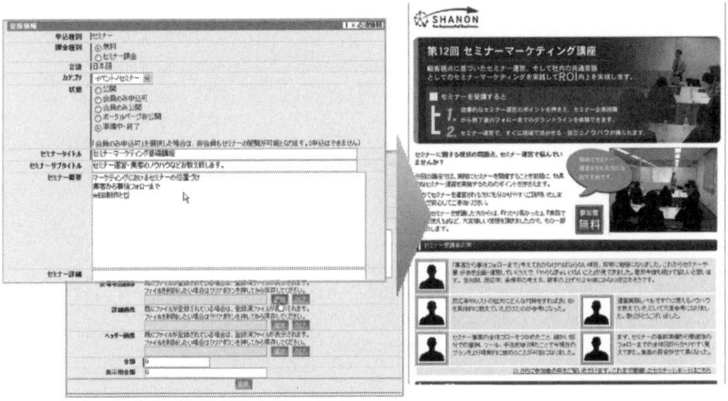


登録した情報から、告知ページが自動的に作成される

ASPサービスなどを利用すれば、これらの業務の稼動が約50％削減できます。継続的なセミナー運営を考えた場合、このようなサービスの利用を考えるのもひとつの手です。

では、実際にどのような面で便利になるのか考えてみましょう。

**(1) セミナー登録〜申込管理**

決まったフォーマットにセミナー情報を登録し、「公開」ボタンを押すだけでセミナーの申込が開始できます。

**(2) 告知ページの作成・更新**

登録した情報から告知ページが自動的に作成されます。セミナー告知用のホームページをいちいち作る必要がなくなります。

## システム画面②

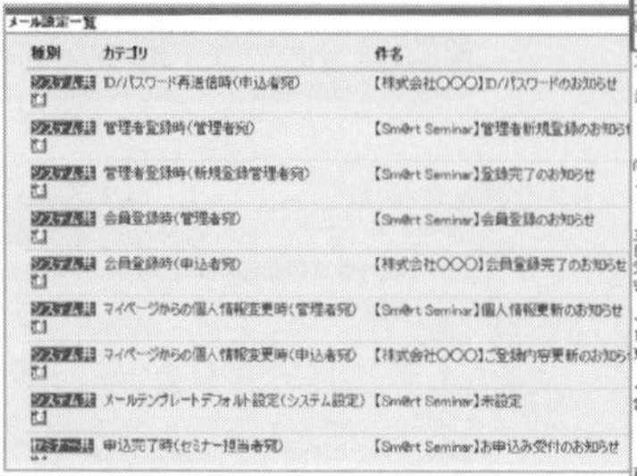

メール設定一覧

| 種別 | カテゴリ | 件名 |
|---|---|---|
| システム標準 | ID/パスワード再送信時(申込者宛) | 【株式会社○○○】ID/パスワードのお知らせ |
| システム標準 | 管理者登録時(管理者宛) | 【Sm@rt Seminar】管理者新規登録のお知らせ |
| システム標準 | 管理者登録時(新規登録管理者宛) | 【Sm@rt Seminar】登録完了のお知らせ |
| システム標準 | 会員登録時(管理者宛) | 【Sm@rt Seminar】会員登録のお知らせ |
| システム標準 | 会員登録時(申込者宛) | 【株式会社○○○】会員登録完了のお知らせ |
| システム標準 | マイページからの個人情報変更時(管理者宛) | 【Sm@rt Seminar】個人情報更新のお知らせ |
| システム標準 | マイページからの個人情報変更時(申込者宛) | 【株式会社○○○】ご登録内容更新のお知らせ |
| システム標準 | メールテンプレートデフォルト設定(システム設定) | 【Sm@rt Seminar】未設定 |
| セミナー標準 | 申込完了時(セミナー担当者宛) | 【Sm@rt Seminar】お申込み受付のお知らせ |

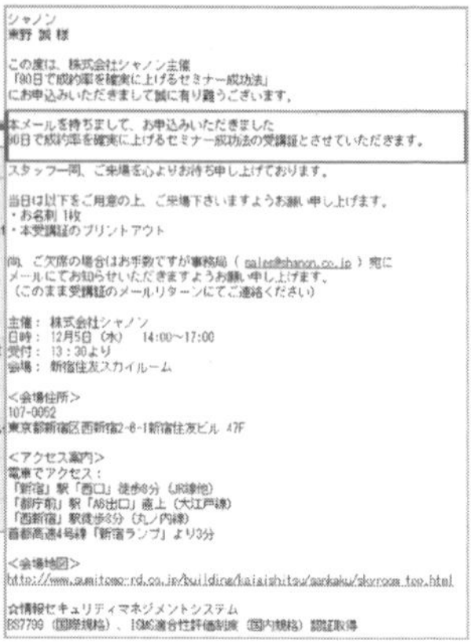

シャノン
東野 誠 様

この度は、株式会社シャノン主催
「90日で成約率を確実に上げるセミナー成功法」
にお申込みいただきまして誠に有り難うございます。

本メールを持ちまして、お申込みいただきました
90日で成約率を確実に上げるセミナー成功法の受講証とさせていただきます。

スタッフ一同、ご来場を心よりお待ち申し上げております。

当日は以下をご用意の上、ご来場下さいますようお願い申し上げます。
・お名刺 1枚
・本受講証のプリントアウト

尚、ご欠席の場合はお手数ですが事務局（ sales@shanon.co.jp ）宛に
メールにてお知らせいただきますようお願い申し上げます。
（このまま受講証のメールリターンにてご連絡ください）

主催： 株式会社シャノン
日時： 12月5日（水） 14:00～17:00
受付： 13：30より
会場： 新宿住友スカイルーム

<会場住所>
107-0052
東京都新宿区西新宿2-6-1新宿住友ビル 47F

<アクセス案内>
電車でアクセス：
「新宿」駅「西口」徒歩8分（JR線他）
「都庁前」駅「A6出口」直上（大江戸線）
「西新宿」駅徒歩3分（丸ノ内線）
首都高速4号線「新宿ランプ」より3分

<会場地図>
http://www.sumitomo-rd.co.jp/building/kaigishitsu/sankaku/skyroom_top.html

☆情報セキュリティマネジメントシステム
BS7799（国際規格）、ISMS適合性評価制度（国内規格）認証取得

受付確認メールは、文面次第で
受講票代わりになる

### （3）メールDMで集客

検索条件を指定して、システムからメールDMを配信できます。相手ごとに文面を変えて送ることも可能です。

### （4）自動受付〜受講票メール配信

受付けた内容を利用して、受付確認メールを配信できます。文面を工夫すれば受講票にもなります。わざわざ、申込者ごとの受講票を作成する必要がなくなります。

### （5）申込自動締切り

締切りはシステムが自動で行います。申込期間終了による自動締切りと、満席指定による自動締切りが設定できます。

## システム画面③

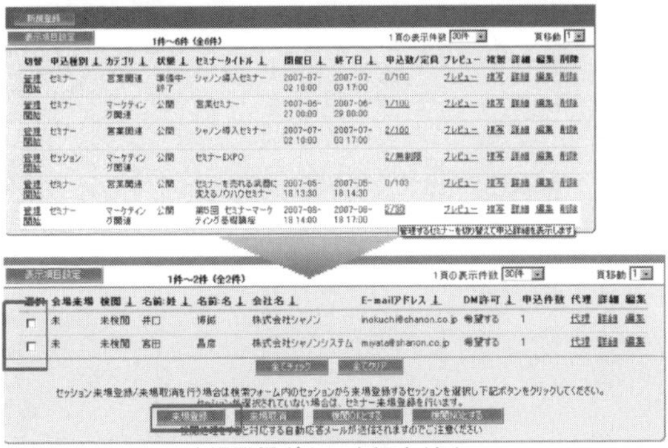

チェックして来場登録ボタンを押すだけ

ワンクリックして来場予定者リストが表示される

### (6) 申込者リスト確認～来場管理

システムからワンクリックで来場予定者リストが表示されるため、わざわざリストを作成する必要がありません。申込者の確認や出欠確認に活用することができます。

### (7) 次回開催時には

一度、雛形を作ってしまえば、あとは同じ要領でセミナーの開催管理が可能となります。直近の来場お礼メール配信時に次回開催の告知ができれば、集客効果も期待できます。準備は早ければ早いほうがいいからです。

このように、システムを活用して業務の標準化・自動化を進めていけば、セミナーを継続的に開催することも難しくなくなります。

# セミナーを成功させ続けるために

最後に、セミナーを成功させ続けるためには、どうすればよいかについて話をしたいと思います。

セミナーを成功させ続けるためには、ライフサイクルを理解しておく必要があります。ライフサイクルとは、その名のとおり生命のサイクルで、「導入期」、「成長期」、「成熟期」、「衰退期」、「安定期」の5つの時期があります。すべての生き物、商品、業界にライフサイクルがあるように、**セミナーにもライフサイクルがあります。**

セミナーの場合の導入期は、ターゲットとなる業界において、セミナー形式の営業手法があまり浸透していない時期です。この時期は、集客がそれほど楽ではありませんが、新しいもの好きのお客様や好奇心旺盛なお客様がセミナーに参加してくれます。

そして成長期に入ると、セミナー集客はピークになります。どんどんセミナーにお客様が集まり、同じテーマで複数回セミナーをしても、毎回満席になるのはこの時期です。

しかし、この勢いはいつまでも続きません。好調だったセミナー集客も徐々に勢いがなく

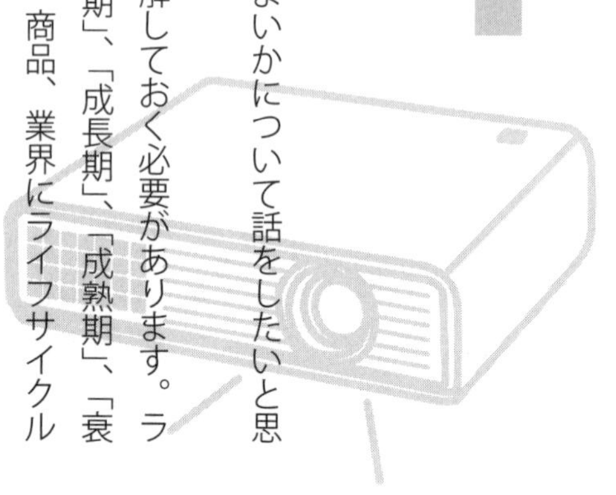

なり、ついに集客が困難な状況になります。集客の勢いがなくなるころが成熟期の前半で、集客が難しくなるのが、成熟期の後半になります。

今まで当たっていたセミナーにぱったり人が来なくなる。ライフサイクルから考えると、それは避けられないことなのです。

では、このまま衰退期に入って、死ぬのを待つだけかというと、そうではありません。成熟期の後半というのは、衰退期の入口であるとともに、新しいライフサイクルの波が生まれる時期でもあるからです。ここで、**新しいライフサイクルの波に乗れるかどうか、がセミナーを成功させ続けられるかどうかの分かれ道**なのです。

セミナーを継続的に開催していると、セミナー参加者からの相談や振り返りシートからターゲットとする業界の時流が浮かび上がってきます。

時流というとおおげさに聞こえますが、時流とは大きな時代の流れだけではありません。そもそもライフサイクルは、小さな時代の流れが積み重なって大きなライフサイクルを形成しています。ですから、小さな時流をいかに的確につかむかがポイントになってきます。

すべての方にあてはまるものではありませんが、これからの時流を考えた場合にキーワードとなるのは以下のものです。これらをキーワードに加えて、セミナーを開催してみるのもひとつの手です。

・環境対応
・正しい経営
・社会貢献
・グローバル化
・人口減少
・富裕層
・高付加価値化
・生涯顧客価値
・従業員満足の追求
・サービスのコンサルティング化

大事なのは、これらのキーワードを見つけ続けるということです。そして、その仕組みを作ることです。それこそが、セミナーを成功させ続けるための一番の秘訣だと言えます。

# ライフサイクル

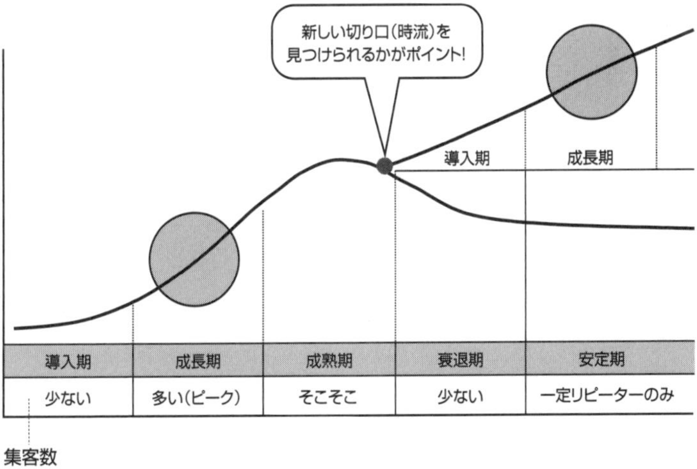
新しい切り口(時流)を
見つけられるかがポイント!
導入期
成長期
導入期
成長期
成熟期
衰退期
安定期
少ない
多い(ピーク)
そこそこ
少ない
一定リピーターのみ
集客数

著者略歴

**斉藤　芳宜**（さいとう　よしのり）

1974年生まれ。神戸大学経営学部卒。大手通信会社において、IT関連の新規事業立ち上げのチームリーダーを経て船井総合研究所に入社。現在、船井総研ソフトハウスチームにおいて、即時業績アップにつながるコンサルティングを得意とする、IT・ソフト開発会社専門コンサルタントである。セミナーを活用した営業手法の提案には定評があり、これまで数多くのセミナーをプロデュースし、満員御礼企画を連発させている。7人以下の密着型セミナーから100人を超える大規模セミナーまで、あらゆるセミナースタイルを開発・提案し、新たなトレンドを世に送り出している。また、インターネット上でのIT関連製品の展示会「IT展示会.net」の運営統括責任者でもある。全国のソフトハウス経営者を組織化し、オンリーワン高収益企業の輩出をめざす勉強会「ソフトハウス経営研究会」を主宰している。中小企業診断士。

■ **email**　y.saito@funaisoken.co.jp
■ **メールマガジン**「IT企業・卓越のマーケティング発想法」
http://www.mag2.com/m/0000204887.html
■ **ブログ**「船井総研・斉藤芳宜の必要・必然・ベスト」
http://blog.goo.ne.jp/saitoyoshinori1974
■ **インターネット上の展示会**「IT展示会.net」
http://www.it-tenjikai.net/

**お客をまとめてつかまえる「セミナー営業」の上手なやり方**

平成20年4月8日　初版発行

著　者――斉藤芳宜

発行者――中島治久

発行所――同文舘出版株式会社
東京都千代田区神田神保町1-41　〒101-0051
電話　営業03（3294）1801　編集03（3294）1803
振替00100-8-42935　http://www.dobunkan.co.jp

©Y.Saito
ISBN978-4-495-57961-6
印刷／製本：シナノ印刷　Printed in Japan 2008

仕事・生き方・情報を　DO BOOKS　サポートするシリーズ

## 「大」に勝つ！ 小さな飲食店10の繁盛法則

タカギフードコンサルティング・高木雅致 著

3000店を超える繁盛店を見続けた結果、その繁盛の原因を独自の手法で分析、ルール化。小規模飲食店のための繁盛の原理・原則とそのための具体策をわかりやすく教える！　本体1600円

## 「できたて販売」なら飛ぶように売れる！

日本アシストプラン・中田雅博 著

製造直売店の具体的な開発手順、できたて工房のつくり方、DM・チラシなどのツールのつくり方、さらに自店のこだわりメッセージの伝え方といったノウハウまでを解説する　本体1600円

## ビジネス契約書の見方・つくり方・結び方

みらい総合法律事務所・横張清威 著

実際の商取引でニーズの高い契約書を取り上げて、契約書の各条項の意味と役割をわかりやすく解説。雛形の変更例も多数提示しており、自分に有利な契約書が作成できる1冊　本体2700円

## 女性が店長になったら読む本

進麻美子 著

購買経験が豊富で調和を大切にする、そんな強みを持つ女性こそ、店長業に向いている！ スタッフとのつき合い方、売上の伸ばし方など、イキイキとした店づくりのための51のルール　本体1300円

## はじめよう！ 楽しく儲かる繁盛パン店

株式会社シズル　藤岡千穂子 著

1日売上げ30万円！　本書でお伝えする「一生現役・地元に愛される店づくり」のための100の法則で「ニコニコ・わくわく・楽しく・元気」な繁盛パン店をつくりましょう！　本体1600円

同文舘出版